# Hasta los cojones del pensamiento positivo



Prácticos
Vivir mejor

**Buenaventura del Charco Olea**

# Hasta los cojones del pensamiento positivo

**mr · ediciones**

Ediciones Martínez Roca, un sello editorial de Editorial Planeta, S. A.
Avda. Diagonal, 662-664, 08034 Barcelona (España)
www.mrediciones.com
www.planetadelibros.com

Adaptación de la cubierta: Booket / Área Editorial Grupo Planeta a partir de la idea original de © Sophie Guët
Ilustración de la cubierta: © Borisz / Getty Images
Primera edición en Colección Booket: febrero de 2024
Segunda impresión: marzo de 2024
Tercera impresión: agosto de 2024
Cuarta impresión: diciembre de 2024

Depósito legal: B. 20.432-2023
ISBN: 978-84-270-5226-0
Impresión y encuadernación: QP Print
*Printed in Spain* - Impreso en España

## Biografía

Buenaventura del Charco Olea es psicólogo sanitario y psicoterapeuta. Combina la actividad docente en distintas instituciones con la práctica clínica. En la actualidad es profesor en la Unidad de Docencia y Psicoterapia del Hospital Universitario Virgen de las Nieves (Granada) y profesor invitado en la asignatura Psiquiatría y Nutrición de la Facultad de Nutrición de la Universidad de Granada. Tiene consulta en Marbella y Granada. Escritor y conferenciante, realiza una comprometida acción divulgativa en distintos formatos y colabora en medios como *El Mundo*, *Harper's Bazaar*, *Vogue* y Onda Cero. Es autor de *Hasta los cojones del pensamiento positivo*, un éxito con más de 10.000 ejemplares vendidos, y de *Te estás jodiendo la vida*.

@ventura.psicologo

*A Juan Pedro Núñez Partido, mi mentor,*
*mi psicólogo, pero sobre todo mi Amigo.*
*Gracias por enseñarme a amarme.*

*Mi agradecimiento a José David Romero por animarme a escribir este libro, a mi hermano Fernando por estar ahí de verdad, a Pilar Marín y a Macarena Romero por ayudarme con la ortografía y a tantas personas (Nora, Borja, Beatriz, Juan Alberto, Javi...) por darme su sincera opinión.*

Porque no necesitas ser optimista y que todo sea de color rosa, necesitas ser capaz de hacer frente a tus problemas para solucionarlos.

Este libro te brinda una propuesta cruda y honesta de cómo vivir siendo fiel a ti mismo.

En todos los casos que se citan en el libro, los pacientes aparecen con un nombre diferente del real para proteger su intimidad y, además, han otorgado su consentimiento a la divulgación de su proceso clínico.

# ÍNDICE

# No sonrías, piensa

## Prólogo

*L'enfer, c'est les autres*[1], decía el pensador francés Jean-Paul Sartre. Si al buen Jean-Paul le hubiera tocado lidiar con el siglo XXI, habría visto cuánta verdad había en sus palabras. Uno sale a la calle solo para verse rodeado de apóstoles del positivismo, tipos que parecen calcos de Esfinge, aquel personaje de *Mystery Men*. El filme era una parodia del cine de superhéroes y el tal Esfinge repetía refranes del derecho y del revés. Aquel era su superpoder. «Si dudas de tu poder, le das poder a tus dudas», dice Esfinge. Un hombre que podía partir ramas mirándolas fijamente. El mundo está lleno ahora de esfinges, bustos parlantes de sonrisa perenne que creen que no se puede estar jodido, que no se puede

[1] «El infierno son los otros».

estar triste, que no puede uno lamentarse de llevar una vida de mierda. Hay que sonreír hasta cuando un mercenario albano-kosovar te está rompiendo los pulgares con un martillo pilón. Así es cómo hay que arrastrarse por las esquinas de la Vía Láctea: con el rostro resoluto, las mejillas rosaditas, la frente alta y el gesto desafiante. Claro que sí, campeón. La vida no va a poder contigo.

El escritor y ensayista británico Christopher Hitchens explicaba, cuando ya estaba claro que no iba a sobrevivir al cáncer que le habían diagnosticado, que un día le preguntó al universo: «Universo, ¿por qué yo?». Y este le contestó: «¿Y por qué no?». Así son las cosas: un día eres un tipo feliz, y al día siguiente no. Un día te sientes lleno de energía y al día siguiente te cuesta llegar del punto A al punto B. Ya lo decía aquella canción de Unkle: «La vida es un avión que nunca aterriza».

En *Hasta los cojones del pensamiento positivo*, Buenaventura del Charco nos cuenta lo pernicioso que resulta no dejar que las emociones fluyan, para poder ser procesadas, sustituyéndolas por mensajes de Mr. Wonderful y cómo la lacra del positivismo *low cost* se ha colado en el riego sanguíneo social, infectando cada estrato con más fuerza que el anterior. Ahora todos y todas parecemos actores secundarios de *Están vivos*, aquella película de John Carpenter en la que una raza alienígena había esclavizado a la humanidad y por doquier se veían mensajes subliminales que rezaban: «No pienses, sonríe».

Ahora el mundo utiliza términos como «tóxico» con el mismo criterio con el que un mono de Sumatra maneja un arma cargada. Han crecido como las setas los *coaches*, una secta de librepensadores de medio pelo que combaten la melancolía y el mal rollo con libros de Paulo Coelho y recetas veganas.

El cáncer y otras enfermedades te atacan porque en otras vidas estuviste triste (dicen), vivimos dentro de un enjambre de consignas que parecen haber salido del interior de una galleta china de la suerte y es imposible dignificar la depresión, porque en realidad eso no existe. «La depresión nos la provocamos nosotros mismos», se oyó decir a uno de los gurús de la alegría artificial.

De repente, la angustia o la ansiedad son emociones que deben ocultarse, a riesgo de ser etiquetado, archivado y apartado, porque en un universo de sonrisas es imposible poner mala cara. Incluso el lenguaje ha empezado a modificarse para incluir una serie de términos que nos permitan adaptarnos a una nueva realidad, en la que hay que ser feliz porque sí. En la que no existe la evolución personal, o la superación, porque ya estamos estupendamente y no hay nada que superar.

Y así, sin hacer ruido, con la resignación del que se hunde en la ciénaga sin dejar de exhibir una sonrisa en la jeta, hemos llegado hasta aquí. Del Charco se ha decidido a sabotear las líneas de comunicación de los amantes del buenismo y el buen rollo de serie B, con nosotros, los ratones de laboratorio. Por eso *Hasta los cojones del pensamiento positivo* es un libro importante, porque por primera vez podemos entender el daño estructural que provoca dejar que se cuelen en nuestras filas los soldados del «No pienses, sonríe». Lo poco humano que resulta negar nuestras debilidades y sustituirlas por seres inertes, salidos directamente de *La invasión de los ultracuerpos*.

Podría pensarse que en realidad este positivismo casi marciano es residual, que las personas siguen confesando a sus íntimos cómo se sienten realmente, pero lo cierto es que la operación de infiltración está siendo un completo éxito. Por todas partes se vislumbra el terrible efecto que ha causado en la humanidad la ejecución de ciertos parámetros de pensamiento. La misión de buena parte de la psicología moderna es revertir ese daño, en tiempo real, antes de que sea demasiado tarde y nos hayamos convertido en plantas.

En *Yo soy leyenda*, de Richard Matheson, el protagonista es el último ser humano en un mundo de vampiros. Al final, cuando los vampiros dan con él, las tornas se han revertido: en un mundo de vampiros, la anomalía es el ser humano. En *Hasta los cojones del pensamiento positivo*, por fin, uno puede volver a sentirse orgulloso de ser la anomalía.

TONI GARCÍA RAMÓN
(Escritor, guionista y periodista
en *Wall Street Journal*, *Esquire* y *Vogue*)

# PARTE I

## POR QUÉ EL PENSAMIENTO POSITIVO ES PERNICIOSO, IATROGÉNICO Y, EN GENERAL, UNA BUENA MIERDA

# Introducción

> «Es como una gran caca pintada de purpurina: de lejos te deslumbra, pero te acercas, apesta y te entran ganas de vomitar».
>
> Estela Reynolds (personaje de ficción. *La que se avecina*)

Recuerdo que un año, al comenzar mis clases en la universidad como profesor del máster de Psicología General Sanitaria, le di un buen sorbo a un vaso de agua que llevaba hasta dejarlo a la mitad y lo coloqué encima de la mesa. Era la primera clase, así que los alumnos estaban expectantes por ver de qué palo era su nuevo y joven (inexperto, supongo que pensaban ellos, y en parte estaban en lo cierto) profesor.

—¿Cómo está el vaso? —les pregunté tras presentarme.

Miraron con socarronería, como diciendo «A un graduado en Psicología no lo vas a pillar por ahí», así que todos respondieron:

—Medio lleno.

Ahí me di cuenta de que ese año iba a tener trabajo por delante y de lo mal que se entendía qué es un estilo de afrontamiento (es decir, cómo enfocamos y encaramos lo que nos viene en esta vida, que es un poco puta a veces) no solo en la sociedad, sino entre los propios psicólogos.

Quizás mis palabras te sorprendan ante la respuesta de mis alumnos. ¿El problema acaso no es ver el vaso medio vacío? ¿No debemos ver el lado «bueno» de las cosas? Termino de contarte la escena de ese primer día de clase.

—Medio lleno —comenté—. Ajá... Y si tengo un paciente depresivo que asegura que lo ve medio vacío, ¿qué debo trabajar con él en psicoterapia?

—Pues enseñarle a ver el vaso medio lleno —recalcaron con cierto hastío, como si estuviesen señalándome algo tan obvio que hasta un niño de cinco años podría entender.

—Ya... ¿Por qué está mal que lo vea medio vacío? —añadí.

Entonces ellos me señalaron, indulgente y pacientemente, que el problema ahí radica en que el paciente abstrae una parte de la realidad, la llena, quedándose únicamente con la vacía, por lo que supone una distorsión negativa.

—Pero es que ver la parte llena también es una distorsión, pues está solo viendo una parte de la realidad...; lo cual también es negativo. El vaso tiene una mitad llena y una mitad vacía, quedarse con cualquiera de las dos, aunque sea la llena, significa no ver la realidad, lo que les imposibilita entender qué necesitan y elegir cómo quieren reaccionar ante lo que está ocurriendo, sea la parte llena o vacía. No necesitamos que nuestros pacientes se distorsionen a sí mismos, no necesitamos que sean optimistas; necesitamos que tengan la capacidad de afrontar la realidad, con lo bueno y con lo malo, para poder reaccionar a lo que pasa y no automanipularse en un sentido u otro. Han de ser capaces de encarar la realidad disfrutando de lo bueno, sintiéndose capaces de aguantar el golpe de lo malo sin romperse y, sobre todo, responsabilizándose de eso que no funciona para cambiarlo —les expliqué.

Las expresiones de muchos de mis alumnos fueron de sorpresa, pues, a fin de cuentas, les acababa de cambiar la narrativa, el enfoque, de muchas de las cosas que les habían explicado de manera, en gran medida, reduccionista durante la carrera, como que podemos elegir con qué parte de la realidad quedarnos o que el dolor es algo negativo. A otros, en cambio, les chirriaba especialmente la parte de encajar el dolor, ya que ¿los sanitarios no debemos aliviar el dolor de las personas?

Vivimos en una sociedad que le tiene pánico al malestar. Parece que somos figuritas de porcelana, incapaces de sobrevivir a los golpes intrínsecos al hecho de estar vivos. La existencia implica dolor y carencias. Lógicamente, no solo eso: para cada uno de nosotros existen infinidad de cosas agradables que merecen la pena y le dan sentido. Pero también implica ese componente, esa verdad, la de que el dolor y lo malo forman parte inherente del hecho de estar vivos y solamente sabremos vivir la vida si somos capaces de afrontar el dolor y mirarlo de frente, porque, nos guste o no, el dolor o lo malo que nos ocurre va a seguir estando ahí.

Desde nuestra cultura (que pasó de estar excesivamente centrada en el «deber» y las «obligaciones», en ser previsores pensando siempre primero en la posible desgracia, a ser naíf y *light*, algo totalmente azucarado, *misterwonderfulizada*, donde todo parece de color de rosa y brillante, impregnada de una purpurina que se pega y luego no hay puta forma de quitarla), se invita —o casi más bien se impone— a que dejemos los malos rollos atrás, a que miremos las cosas bonitas de la vida y mil cursiladas más. Se nos ha impuesto la obligación de ser «positivos» cuando, como en el ejemplo con que empezaba las clases con mis alumnos, eso es ser, en el mejor de los casos, reduccionista y sesgado; cuando yo lo catalogaría más de gilipollas y cobarde.

Si te rebelas ante esta norma y, como todo dios si somos mínimamente honestos, te cagas en todo cuando las cosas te salen mal o hay momentos en los que desfallece tu ánimo o simplemente te has levantado con el pie izquierdo, tienes la regla o estás más quemado que el cenicero de un bingo y lo ves todo negativo, entonces corres el riesgo de ser catalogado como «persona tóxica» y que te rechacen más que a un plato de brócoli en el comedor de un colegio. Estás amargado porque quieres, ya que solo tendrías que ponerte unas gafas positivas para ver lo bueno que sí hay en tu vida y entonces ser feliz. Pues lo malo va a seguir ahí dándote por el culo hasta que lo soluciones y lo cambies, o al menos modifiques la forma de posicionarte ante ello. Pero, chico, andas con tu visión *happy happy* donde todo es superbonito básicamente porque estás automanipulándote, cubriendo cada cosa con una capa enorme de sirope, pintura rosa y purpurina, que es muy positivo y *good vibes*, pero la mierda, por mucho que la decores, sigue siendo y oliendo a lo que es, mierda, y de eso todos tenemos en nuestra vida.

Parece que el supuesto medio (ser positivo) se ha convertido en un fin en sí mismo, porque es lo deseado socialmente o lo que recomiendan de forma machacona y persistente, como si fuera un dogma, en lugar de entender que lo que hemos de buscar desde la psicología, la filosofía o el puto sentido común son simple y meramente maneras de estar en la vida que nos permitan desarrollarnos y solucionar los problemas a los que todos tenemos que enfrentarnos. Además, es redomadamente innatural, pues es imposible que estemos siempre alegres, ya que nuestro estado emocional (que no controlamos a voluntad, porque es una respuesta biológica y estamos muy lejos de poder manejar a placer nuestra biología, basada en unas reglas) resulta algo cambiante que reacciona e interactúa con aquello que pasa en nuestro entorno, con nuestra biografía e historia de vida y aprendizajes y otras mil movidas más, porque, como decimos en mi queridísima Granada, cada uno es de «su pae y de su mae».

Y no es solo una cuestión de que distorsionar la realidad con un sesgo positivista implique faltar a esa realidad o te impida entender lo que pasa realmente en tu vida para poder solucionarlo. Se trata, sobre todo, de que priva a la gente de algo básico: el derecho a estar mal cuando le ocurren cosas jodidas. Por si no te has dado cuenta, queridísimo lector, la vida es bonita de cojones, pero cuando quiere también es muy muy hija de puta y tiene zarpas afiladas y punzantes que desgarran y se clavan a base de bien. Y cuando eso te pasa, el estar de bajón, enfadado o con cierta desesperanza y abatimiento, resulta lo normal; de hecho, supone la respuesta lógica y congruente, no va a ser: «Qué maravilla de día, mi jefe me ha hecho un masaje testicular en el trabajo» o «Me han diagnosticado un cáncer, pero contempla qué amanecer más bonito».

Como psicólogo sanitario que diariamente ve a pacientes partiéndose la cara y mirando a sus demonios de frente para intentar mejorar lo que ocurre en sus vidas y como un acto de amor hacia sí mismos y autocuidado (sois valientes y la polla, aunque eligiendo psicoterapeuta sois reguleros), lo que de verdad me duele es que todo este movimiento rosa y cursi, perverso a pesar de estar escrito en tonos pasteles y acompañado de dibujitos monísimos o engalanado de una fina capa de «empirismo» con base en experimentos reduccionistas o supuestas neurociencias que no aguantan un asalto en el *ring* contra la ciencia seria ni contra el puñetero sentido común, está robando a la gente el poder pedir consuelo, el romper un día a llorar y necesitar que alguien la acompañe en su llanto, aunque solo sea ella misma, sin que se le recrimine o reproche que no vea el lado bueno de las cosas o que no tenga una actitud más positiva, porque encima no necesitamos una regañina ni que se nos enjuicie o cursilerías, pues lo que necesitamos es ver que a otro le importamos, tener un hombro sobre el que llorar y que alguien legitime nuestra respuesta normal y congruente con lo que nos pasa cuando algo nos jode, que es estar jodidos. Cuando nos pasan cosas malas, tenemos derecho a estar mal. No culpabilicemos a la gente ni a nosotros mismos por ser consecuentes, por estar mal, que si una persona está jodida, bastante tiene para que además la hagamos sentirse culpable y la hundamos un poco más en la mierda por ser «negativa».

No necesitas ser optimista y feliz; necesitas ser honesto con quien eres y lo que requieres. Eso a veces supone disfrutar y ser consciente de lo bueno en la vida, pero también acompañarte a ti mismo en el dolor y luchar por ti. Trátate bien y sé realista, no seas un gilipollas ingenuo montado en un unicornio que va vomitando arcoíris.

# 1

# Peligros del pensamiento POSITIVO

«La peor parte de tener una enfermedad mental es que la gente espera que te comportes como si no la tuvieras».

El Joker
(villano. Personaje de ficción)

Después de llevar varias páginas de este libro, estarás empezando a considerar que quizás todos los manuales de autoayuda que has leído hasta ahora, esas frases motivacionales y muchas conferencias de *coaches*, psicólogos y gurús de medio pelo (¿quién coño se autodefine como «gurú»? Narcisismo nivel diez mil, me parece) han sido una tomadura de pelo…

Ojalá únicamente hubieran sido eso. No solo te mintieron estrepitosamente o te presentaron una realidad a medias muy condicionada, una filosofía de vida de cartón piedra que en el librito está muy bien, que te lo lees y te vienes arriba, pero que se rompe a la primera embestida seria de la vida (y la vida cuando quiere es muy puta y embiste a base de bien), sino que, como trataré de mostrarte posteriormente, es algo iatrogénico, palabra técnica y pija que usamos los profesionales de la salud para indicar que algo te hace daño o contribuye a que enfermes. Esta obsesión con tener que ser positivo todo el rato y cuidar cada palabra que te dices, cambiándola por algo más chupi o descafeinado, te hace bastante más daño del que puedes creer, casi tanto como estar amargado y siendo un victimista que chapotea en su propia mierda autocomplaciente y que solo ve lo negativo de la vida.

Pero mándame a paseo un buen rato y ahora no me vayas a creer. A fin de cuentas, solamente soy otro psicólogo que te está contando una forma de entender la vida. Eso sí, llevo más de diez años viendo pacientes en consulta. Una interesante pregunta cuando ves a un conferenciante o incluso profesor que te habla de artículos científicos y te plantea las cosas de forma reduccionista es si tiene experiencia clínica y trabaja con pacientes reales, porque de lo contrario, si responde con un no, tienes a un estratega de salón, que «libra batallas» en los mapas, pero que no se ha ensuciado en una jodida trinchera en su vida, ni ha visto cómo las teorías se agrietan cuando se aplican con el dolor de un ser humano real ni se ha frustrado al comprobar sus propias limitaciones cuando una persona confía en ti y se abre y desnuda para que la ayudes porque lo está pasando francamente mal (gracias, queridos pacientes, sois valientes de cojones) y descubres que lo que sabes hacer casi nunca funciona al cien por cien. Porque, como dice el sabio refranero español: «Del dicho al hecho hay mucho trecho».

Así que ponme en duda, lo que te recomiendo hacer con todo aquel a quien leas o escuches, sobre todo si te está vendiendo algo (piensa por un momento en la enorme industria que existe en torno a la autoayuda, crecimiento personal y demás mierdas, que, por cierto, podrían llamarlo «psicoterapia», pero no vaya a ser que suene a enfermedad, dolor o algo negativo, porque estar deprimido, con ansiedad o no encontrarle sentido a tu vida es superguay). Otros te contaron un montón de teorías e historias (y, siendo totalmente honesto, yo te he vendido este libro), así que te invito a que te preguntes las siguientes cuestiones:

1. *¿Te han servido de algo?* En terapia estratégica y breve, muchas veces se anima al paciente a probar algo totalmente diferente a lo que ha venido probando hasta ahora. Básicamente, la premisa es que no tiene sentido persistir en un intento de solución con el que no se ha conseguido cambiar nada, que no es eficaz. Si un médico prueba un fármaco y no da resultado, ¿verías lógico que siguiera intentándolo? ¿No debería cambiar y probar otra cosa? Confiésalo: si has cogido este libro es porque estás hasta los cojones de todo este tema y el título te ha hecho gracia o porque has probado muchas «recetas» y «herramientas» de esta calaña y no te han servido de un carajo. Vamos, que has intentado ser positivo, tener apertura a la abundancia o lo que sea y te has comido un buen mojón.
2. *¿Conoces a alguien a quien le hayan servido?* Pero digo servirle en serio, no para animarse y autoconvencerse en el momento y aplicarlo unos días, en los que se automanipula y se dice que todo va bien y decide que no le afecta (como si yo pudiera decidir qué me afecta y qué no… «Me he roto la rótula, pero decido que no me afecta al andar»), pero luego ves que sigue siendo infeliz, aunque quizás con una enfermiza necesidad de evidenciar y oírse decir todo

el rato que la vida le va bien y que está súper a gusto porque es fuerte y positivo...

Te recomiendo también que desconfíes de las personas que te dan una «solución ideal» a todos los problemas y dicen que, cuando domines esta, hará que no exista el dolor en tu vida, que todo irá como la seda (*mindfulness*, inteligencia emocional, creencias limitantes, reprogramación cuántica bioenergética de no sé qué, karma, el perdón, la autocompasión o lo que sea). Por un lado, porque las personas y la vida son cosas increíblemente complejas como para que un único aspecto le dé respuesta a todo; porque cada persona es un mundo, con una singularidad única, como para que a todos les funcione por igual una cosa sin atender a sus variables propias (genéticas, neuronales, sistema de apego, historia de aprendizaje, valores y forma de entender la vida, cultura, su propia capacidad de elección y libertad...).

Por otro lado, su reduccionismo, de manera que lo enfocamos todo desde el sesgo de lo que esa herramienta hace, creando una visión de túnel; como ya dijo el gran psicólogo Abraham Maslow: «Si solo tengo un martillo, creeré que todos mis problemas son un clavo».

Y finalmente, porque, por muchas herramientas que existan y por mucho que nos formemos en ellas, suelen responder a ciertos problemas y pueden ser increíblemente útiles, pero el dolor forma parte inherente del hecho de estar vivos. La vida conlleva dolor y malestar, algo natural, y no debemos buscar la manera de hacerlo desaparecer, sino de afrontarlo y manejarlo, decidiendo cómo queremos posicionarnos ante él. Ya lo dice el refrán: «Ser feliz es muy sencillo, lo difícil es ser sencillo».

Por cierto, habrás visto que tiro mucho del refranero español. Lo hago porque me parece la polla, aunque también te dice una cosa y la otra, como que «A quien madruga Dios le ayuda» y «No por mucho madrugar amanece más temprano», y creo que eso está bien, pues muestra que los problemas y la vida son complejos y no hay una frasecita que dé respuesta a todo, por mucho que venga con una foto del amanecer o con un dibujo supercuqui con letras redonditas. Los refraneros son la sabiduría de la vida, de aquello que ha vivido la gente durante generaciones (en una época donde podían ser más claros y no había que dulcificar todo, sino que la gente sabía convivir con el dolor y la frustración), sus observaciones, preocupaciones e intentos de consejo plasmados en frases sencillas, y recoge esa contradicción y dualidad con refranes opuestos. ¿Da que pensar esto, eh?

Si no te han funcionado todas estas pautas y herramientas que tienen en común su carácter reduccionista o el hecho de plantearte que realices X cosa para tratar de evitar sentirte mal y hacer desaparecer el dolor, me voy a poner en modo profesor universitario para contarte uno de los rollos que les contaba a mis alumnos en clase: en psicología clínica se ha observado muchas veces que el intento de solución forma parte del problema de la persona, algo que, en lugar de venirle bien, crea un nuevo problema o perpetúa el problema que tiene la persona. Vamos, volviendo a tirar de refranero, que «es peor el remedio que la enfermedad». Así que una de las mejores maneras de abordar el problema es hacer algo diferente a la forma en la que la persona intenta solucionarlo. Aplicado a todo este rollo del pensamiento positivo, un buen ejemplo sería el del siguiente paciente que estuvo conmigo en terapia:

Juan tiene veintisiete años y está triste. Lo dejó su novia, tras pasar una época deprimido, acusándolo de que siempre lo veía todo negativo y se pasaba el día quejándose. Tiene una profunda sensación de vacío y desgarro, como si le hubieran arrancado algo de dentro sin lo que no puede vivir.

Sus amigos le dicen que no se raye, que tiene que intentar estar bien, que «hay más tías que botellines». Su padre le dice que tiene que ser fuerte, que la vida es muy perra y una ruptura con esa edad no es para tanto. Su madre le dice que entiende que esté mal, pero que, en el fondo, mejor «darse cuenta ahora de la clase de persona que es su ex y no dentro de quince años, con niños y su juventud tirada».

Pasa el tiempo y empieza a buscar en YouTube conferencias sobre cómo salir del hoyo donde se ha metido. Sigue a un par de motivadores o *coaches* muy famosos. Por un lado, se siente muy mal porque ha sido una «persona tóxica» o «vampiro emocional», todo el día quejándose (aunque estuviera deprimido), y cree que ese es el motivo por el que su chica lo abandonó. Es normal, se dice, pues ella quiere al lado a alguien «que aporte», a alguien activo, que se centre en el lado positivo de las cosas.

Pero Juan está dispuesto a cambiar, así que decide centrarse en lo que sí funciona de su vida. Es un chico guapete que no debería tener mucho problema para encontrar a una persona. Es joven, cuenta con toda una vida por delante. Posee un buen trabajo, que tal y como están las cosas no es poco, y no tiene problemas de salud física.

Durante un tiempo se fuerza por hacer cosas, por estar activo: comienza a correr todos los días, cuida su alimentación y empieza a disminuir la ingesta de carne, sale de cenas y copas con los amigos…

Y así se tira un año y medio. Pero sigue sintiéndose mal, como vacío, nada parece que le acabe de satisfacer o llenar por mucho que sabe que tiene una buena vida desde un punto de vista objetivo y que se esfuerza por mantenerse activo, ver el lado bueno de las cosas y tener una actitud de gratitud por todo lo que sí hay en su vida y que muchos otros quisieran.

Finalmente, desesperado, angustiado por su propio vacío vital, decide acudir a psicoterapia. Me cuenta toda su historia y empezamos a analizar qué le ocurre, poniendo el foco en sus sentimientos ante todo esto. Lo invito a que se olvide de analizar «objetivamente» lo que ha ocurrido y que empiece a mirar cómo lo vive él realmente, pues puede que su vida sea buena, pero el caso es que se siente triste y vacío y no parece estar dejando espacio a esos sentimientos, que está siendo incongruente con ellos, obligándose a funcionar como si fuera feliz cuando se siente triste, tapándolos con una careta de que todo va bien.

Un día, llorando, me confiesa: «Empiezo a pensar que es todo culpa mía, con mis quejas eché a mi novia y ahora, aunque mi vida va bien, soy un cenizo, no logro quedarme en todo lo bueno que tengo... Hago las cosas por hacerlas y no sé qué me pasa que no las disfruto, es como si hubiera algo dentro de mí que no funciona bien. Creo que soy una persona negativa por naturaleza, pesimista, y empiezo a pensar que esto no tiene arreglo...».

El problema de Juan es que está evitando sus sentimientos, reprimiéndolos y huyendo de ellos con las actividades y manipulándose a sí mismo, obligándose a ver las cosas buenas en lugar de atender su tristeza por su ruptura. Para elaborar un duelo, proceso psicológico sano y necesario para superar la pérdida, es necesario llorar y atender esos sentimientos. Por explicarlo de forma muy breve, tal y como señala el famoso psicólogo cognitivo-conductual William Worden[1], no es algo que se pase con el tiempo,

---

[1] Worden, J. W., Aparicio, Á. y Barberán, G. S. (2013). *El tratamiento del duelo. Asesoramiento psicológico y terapia*. Barcelona: Paidós.

sino que se supera cuando se elabora, y para ello necesitamos llorar, estar tristes y recordar lo que hemos perdido, así conseguimos darle un significado a lo que esa persona y su pérdida suponen para nosotros; con esto la recolocamos. También Freud dijo algo similar en su obra *Duelo y melancolía*, donde sostiene que cuando se pierde a un ser querido, los sentimientos hacia esa persona no desaparecen, por lo que debemos elaborar un recuerdo de ella para poder «colocarlo» allí a modo de recipiente.

Todo ese positivismo, todo ese mantenerse activo está perpetuando su problema, le está impidiendo atender esa tristeza, que es precisamente lo que necesita, permitirse sentirla y exponerse a ella. Esa tristeza es útil, le ayuda a hacer el duelo, a entender, darle significado y llorar la pérdida.

Además, el hecho de que siga sintiéndose triste y pesimista hace que se sienta culpable por su estado, ya que la felicidad está ahí, depende del enfoque con el que quiera afrontar lo que le pasa, solo tendría que centrarse en todo lo bueno que sí hay en su vida, en querer ver las cosas bonitas.

Lo invito a que deje de hacer más de lo mismo. Se está esforzando mucho en ser positivo y mantenerse activo, pero no parece que eso le esté ayudando. Quizás debería olvidarse de todos esos consejos y pautas simples, quizás debería olvidarse de «lo correcto», dejar de pensar en que su vida «objetivamente está bien» y ser más honesto consigo mismo y con sus sentimientos. De acuerdo con que su vida no es una puta mierda y más o menos funciona, de acuerdo que visto desde fuera tiene motivos para ser feliz, pero el caso es que no lo es, y seguir negándose eso no tiene ningún sentido, debe aceptar una realidad, que es el hecho de que se encuentra profundamente triste y no tiene ganas de hacer nada. Poco a poco, durante la terapia, vamos profundizando en esos sentimientos, exponiéndose a ellos, y empieza a poder entender por qué está tan mal y a comprender cómo le está haciendo daño la culpa primero, por ser una «persona tóxica» y un «vampiro emocional», respecto a los motivos de su ruptura y, después, por ser negativo y pesimista, por no querer ver lo bueno de las cosas, respecto a no lograr salir del hoyo en el que está.

Empieza a entender que estar mal, con lo que le ha pasado, resulta lo normal, que lo preocupante habría sido no estarlo, pues entonces sería que su relación de pareja no le importaba un carajo, y que lo natural, cuando pierdes a alguien que te importa, es estar destrozado. Se da permiso para llorar, para tirarse días en casa desganado, triste, no obligándose a nada. Conforme se expone a toda esa tristeza, la va integrando y va pensando cómo quiere posicionarse y manejar todo aquello según su forma de entender la vida. Realizamos diferentes ejercicios psicológicos para gestionar esos sentimientos y para poder ir cerrando todo aquello.

Tras seis meses de psicoterapia, Juan se encuentra mucho mejor. Ha sido capaz de entender que el hecho de que su chica lo dejase por su depresión habla más de ella que de él, y no en un sentido culpabilizador, sino sobre aquello que ella podía o quería legítimamente manejar en ese momento de su vida. Ahora también entiende que tiene derecho a estar mal cuando le sucede algo difícil en la vida, como es perder a tu pareja y estar deprimido, y que no tiene sentido tapar esos sentimientos con una falsa positividad que no nace de dentro, que es impostada, poco más que una careta con la que tapar sus sentimientos reales, y que es mucho mejor ser honesto consigo mismo y afrontar sus sentimientos, que pueden ser desagradables, pero no por eso hay que huir de ellos, ya que le ayudan a hacer aquello que necesita (en este caso, la tristeza y la desgana le ayudaban a llorar y a tomar esa necesaria actitud parada y reflexiva para elaborar el duelo y encajar la pérdida).

Nos despedimos con un fuerte abrazo: Juan, sintiéndose mucho mejor consigo mismo y confiado en saber afrontar otras crisis en su vida, pues se ha demostrado a sí mismo que puede manejar el dolor y que no pasa nada por exponerse a él y permitirse sentirlo; y yo, agradecido y honrado por su confianza, emocionado por verlo acompañarse en ello y cagándome por 1 238 913 275 926 359 623.ª vez en tanto positivismo y tanta mierda que está privando a la gente del derecho a estar mal cuando las pasan jodidas.

## Estar en el dolor emocional para entender el problema

Otro problema que plantea el pensamiento positivo y todas estas técnicas y hábitos «milagrosos» es que tienden a buscar que tapemos o evitemos el malestar, en lugar de encararlo de frente para poder decidir sobre él. Cuando tenemos un problema, necesitamos dedicarle tiempo, ya que el tiempo es lo único que nos permite observar qué nos pasa de una manera profunda y completa. Si yo tengo un problema, necesito focalizarme en él, pues de lo contrario no puedo tener una visión real del mismo y eso conlleva muchas más complicaciones de las simplemente aparentes.

En primer lugar, está la obvia: si no lo observo, no entiendo por qué estoy mal. Cuando un médico explora a un paciente, pone el foco concienzudamente en la zona donde está el dolor, toca las diferentes áreas para poco a poco ir centrando y localizando el problema, le pide al enfermo que describa dicho dolor, que le dé detalles sobre el mismo, si es agudo, crónico, algo que aparece y desaparece… Seguir el rastro del dolor, por así decirlo, le ayuda a ir reduciendo posibilidades, descartando otros diagnósticos para entender qué ocurre realmente. Esto le ayuda a saber a qué se está enfrentando y cómo el problema se articula en ese paciente concreto, pues, como todo sanitario sabe, no solo se necesita entender la patología, sino cómo se desarrolla en su paciente, porque cada persona tiene unos factores que influirán de forma decisiva en cómo se articula el problema, los posibles tratamientos y la forma de aplicarlos.

Si encima tienes la suerte de tener un médico de los realmente buenos, de esos que son capaces de combinar la seriedad en la praxis clínica con el buen trato al paciente y practicar una medicina humana, no solo te preguntará por el problema, sino por cómo lo estás viviendo y cómo te está haciendo sentir, empatizando contigo, concediéndote el derecho a estar asustado, ansioso o preocupado por tu problema y aclarando tus dudas sobre el mismo.

¿Te imaginas que, tras acudir al médico con un problema, este te diga que te centres en lo que sí va bien de tu salud? «Tiene usted hígado graso. Pero, oiga, no sea cenizo, que los pulmones le van genial. Ya quisiera la gente que tiene cáncer estar como usted. Si quiere, dese un paseo por oncología y verá que sus problemas le parecerán pequeños», y acto seguido te echa de la consulta.

¿Te sentirías mínimamente bien atendido? ¿Ese médico ha sido un doctor diligente? ¿Te ha tratado con el respeto, preocupación, humanidad y seriedad que mereces? ¿Crees que eso ayudará a solucionar tu problema de hígado? O que te dijera algo generalista como «Haz deporte y come sano, que eso le viene bien a todo el mundo», en vez de atender a las características de tu problema concreto y a ti como paciente.

Seguro que, primero, te ibas a quedar flipando, pensando que si te hubiese tocado el doctor Nick Riviera de *Los Simpson* hubieras tenido más suerte y, luego, te cagarías un rato largo en la progenitora del medicucho que te ha atendido, eso si no vas a poner una merecidísima queja en la dirección del hospital o en el colegio médico.

Necesitamos entender por qué estamos mal. El dolor emocional, que suele tener forma de ansiedad, miedo, tristeza o rabia, aunque desagradable, nos da una información muy útil de qué es lo que estamos viviendo y por qué nos afecta de esa forma. Hay que entender que nuestro cuerpo no genera estos sentimientos porque sí, sino que son una respuesta natural a algo que nos ocurre, son la «voz de alarma» de que algo no funciona bien en nuestra vida o nos da miedo y estos sentimientos nos invitan a poner el foco en ello. Comprender el problema es un requisito imprescindible, *sine qua non*, para poder reaccionar al mismo de una forma adecuada, y la única manera de comprender algo es aceptar qué nos está ocurriendo y dedicarle atención, poner el foco en ello y analizarlo, no redefinirlo en positivo, ver las cosas buenas o distraernos con otras actividades que lo compensen o tapen. Si precisamente es algo que nos está fastidiando a base de bien, razón de más para dedicarle tiempo; de hecho, lo estúpido es no hacerlo. Al menos personalmente, yo tiendo a dedicarle más tiempo a las cosas que me preocupan, no en plan cenizo y sin ver lo bueno de mi vida, que lógicamente intento disfrutarlo, sino porque, como me causan dolor, las atiendo, pues es mi dolor y lo que pasa en mi vida, no en la de mi vecino el del tercero.

Para comprenderlo necesitamos estar en ello y, cuando se trata de dolor emocional, eso implica sentirlo. Únicamente estando en esa tristeza o esa rabia puedo comprenderla realmente a un nivel analítico, por un lado, y a un nivel experiencial, por el otro; es decir, desde nuestra propia vivencia y experiencia en ello. Si no, solo haremos torpes aproximaciones o enfoques desde la teoría y lo genérico, pero no desde nuestra realidad concreta. No puedo comprender algo en lo que no estoy o no me permito vivir, así de simple.

Si estoy prisionero en una cárcel y quiero salir de ella, necesito dedicar tiempo a estudiar la celda donde me hallo. Pensar en otra cosa o distraerme no me va a sacar de allí. Centrarme en lo bueno de esa prisión, como que tengo tiempo para meditar y descansar, puede ser cierto y quizás calme un poco mi angustia, pero desde luego no me ayudará a salir de ella. Necesito analizar la prisión, ver qué ventanas tiene, cómo son los barrotes, el tipo de piedra y suelo, los posibles puntos vulnerables y todas las características de esa cárcel para entenderla plenamente. También necesitaré ver cómo me encuentro yo en ella y cuáles son mis características (si soy fuerte, si puedo saltar mucho o poco, si soy flexible...), y entonces, solamente entonces, podré realizar un plan eficaz para escapar de allí y dotarme de los materiales disponibles y necesarios para realizar dicha fuga.

Pero entenderlo tiene otras implicaciones aparte de esto, que ya es suficientemente importante, y es el hecho de que si no entiendo lo que me ocurre, me siento mal y no encuentro un motivo que explique qué me pasa (cuántas veces estamos mal y no sabemos bien por qué), una de dos, o tengo un problema de personalidad o algo así que me hace estar mal por la cara (lo cual, salvo en muy contadas excepciones, casi siempre de tipo biológico, nunca ocurre) o es que soy gilipollas y me lo estoy inventando. Todo lo cual me crea mucha más ansiedad, porque parece que estoy mal porque sí, con lo cual no existe una solución posible y, desde luego, siento el malestar añadido de ver en mi estado un sinsentido sobre el que no tengo el menor control y eso me hace sentir más loco, inseguro y culpable.

Nuestro cerebro maneja de manera especialmente aversiva aquello que es desconocido, inseguro e incierto, porque si no tiene forma o lógica, no podemos abordarlo ni reaccionar ante ello. Con frecuencia, cuento a mis pacientes que, si viviera en un mundo tipo el de *El señor de los anillos*, siempre preferiría luchar contra un dragón antes que contra un fantasma, porque el dragón tiene forma y cuerpo y, por tanto, puedo atacarle y clavarle algo, pero un enemigo sin cuerpo, como un fantasma, es imposible de matar. Con los problemas ocurre lo mismo. Numerosas investigaciones científicas desde diferentes ramas de la psicoterapia han demostrado que cuando un problema o situación es vaga, ambigua o imprecisa, genera mucho más malestar y, sobre todo, ansiedad que un problema definido[2], incluso aunque a veces este sea peor. La incertidumbre y la sensación de no entender lo que pasa nos arrebata cualquier percepción de control o capacidad de respuesta, y eso es de lo más ansiógeno que existe.

Recuerdo que, cuando tenía veinte años, mi madre empezó a sentirse muy mal. Ella padecía una aplasia medular, un enfermedad letal y complicada, cronificada, y mi padre se había muerto hacía apenas seis meses, así que al principio su estado decaído y sin energías lo achacábamos a esas dos cosas, pero fue sintiéndose peor y decidimos llevarla al hospital. Durante dos días le estuvieron haciendo diferentes pruebas y los viví como especialmente angustiosos. Allí estaba mi madre, enferma y sufriendo, y yo no era ya que no pudiera hacer nada, sino que ni siquiera sabía qué coño le estaba pasando.

Finalmente, los médicos nos dieron una noticia terrible: mi madre tenía cáncer de colon en un estado muy avanzado y probablemente habría ya metástasis en otras partes de su cuerpo. Sorprendentemente, a pesar de que era el peor de

---

[2] Hirsh, J. B., Mar, R. A. y Peterson, J. B. (2012). «Psychological entropy: A framework for understanding uncertainty-related anxiety». *Psychological Review*, 119 (2), 304.

los diagnósticos y escenarios posibles (mi pobre madre fallecería a los dieciocho meses de cáncer, tras enfrentar la enfermedad con aplomo, amor y congruencia, dándome una lección de vida brutal), recuerdo que sentimos que nuestra ansiedad disminuía porque entonces entendíamos qué le pasaba y eso permitía empezar a hacer algo con el problema: buscar un cirujano para extirpar el tumor, analizar el tejido cancerígeno, plantearnos las opciones de quimio y radioterapia... Nuestra mente maneja mejor un escenario adverso jodido pero definido que uno ambiguo (a pesar de que la incertidumbre siempre deja una pequeña opción a que no sea tan malo).

Si no lo entiendo, es más fácil que busque una explicación sencilla y prejuiciosa, reduccionista y sesgada, de la realidad, como que es «porque soy un pesimista» o similares. Todas estas explicaciones sencillas, preconcebidas, que se basan en generalidades y que juzgan de forma sistemática a las personas, haciéndolas culpables de algo tan normal y sano como experimentar rabia, tristeza o ansiedad cuando te pasa algo difícil o duro para ti, son telas de araña en las que es más probable caer cuando no entendemos bien lo que nos pasa, al no entender lo que nos ocurre dentro, porque no lo miramos, lo explicamos desde esas ideas.

Una buena amiga mía me llamó un día y me dijo que necesitaba hablar conmigo porque estaba muy mal: tenía ansiedad. Quedamos para un café y empecé a explorar con ella de dónde venía eso. En vez de centrarnos únicamente en la ansiedad y cómo manejarla, la ayudé a ver qué más estaba pasando en su vida, y me dijo que todo iba bien, pero que se sentía muy triste desde hacía unas semanas. Cuando le pregunté qué podía estar haciéndola sentir triste, me decía que todo iba como siempre, y se dio cuenta de que la ansiedad venía por el hecho de estar triste. No le gustaba estar triste y ser negativa. La invité a que intentase ir más allá de juzgar su emoción y tacharse a sí misma de negativa, que intentase entender de verdad qué estaba pasándole, porque ella no era estúpida y no se iba a poner triste por la cara. Explorando emergió que su perro había fallecido hacía un mes escaso; cuando hablaba de su perro, en sus ojos asomaban las lágrimas, aunque las contenía.

Le pregunté por qué no se permitía llorar y ella me decía que era estúpido hacerlo por un perro, que ella no quería ser una persona victimista. La ayudé a que se sintiera con el derecho a estar mal por perder a su perro, que no solo era su mascota, también su fiel compañero, compañía inseparable y una fuente de amor incondicional como pocas en su vida. Ella me repetía que no tenía sentido estar así de mal por eso, que en su vida había muchas cosas bonitas y que funcionaban genial, que quería ser optimista. Hablándome de su perro acabó rompiendo a llorar y, para su sorpresa, observó que, después de hacerlo, la ansiedad desaparecía. Me llamó a los dos días para decirme que estaba mucho más relajada y tranquila. Yo la invité a que todos los días dedicase un rato a mirar su tristeza y que no se tachara de pesimista por ello. Tras unas cuantas semanas permitiéndose esa pena y recordando a su perro, decidió escribirle una pequeña carta de despedida a su mascota y se sintió en paz consigo misma.

Si analizas la secuencia, observarás que su ansiedad venía por el hecho de estar triste. El miedo a ser pesimista era lo que hacía que su tristeza fuera amenazante y por eso su cuerpo reaccionaba a ella con ansiedad. Solo cuando entendió que estar triste es una reacción normal y sana, y que no hay que forzarse a ver las cosas buenas en un momento de pena, dejó de tener ansiedad. Al estar en su tristeza pudo entender lo que le pasaba y cómo su perro había sido algo muy valioso en su vida por todo lo que aportaba. Lo pudo entender tan bien que le dio forma en esa carta de despedida y pudo sentirse liberada, en paz consigo misma y fiel al vínculo que tenía con ese adorable saco de pulgas.

Pero entenderlo además me ayuda a comprender qué cosas son realmente importantes en mi vida. Aquello que nos hace sufrir, que nos duele profundamente y nos genera una respuesta emocional intensa, es algo particularmente significativo para nosotros, o es la forma en la que intentamos conseguir o manejar un tema trascendente. Que si te emociona, es que toca algo importante, vamos.

Todos los temas relacionados con sentirnos suficientemente válidos, dignos de ser queridos, libres para elegir y expresarnos en nuestra vida, con cierto grado de control en lo que ocurre en ella o seguros, son asuntos de gran transcendencia para nuestro bienestar psicológico, y por eso, cuando se ven alterados o puestos en duda, generan rápidamente una sensación de malestar significativa, normalmente en forma de tristeza, rabia, ansiedad o vergüenza.

Además, aunque estos temas sean universales, por nuestra historia de vida, decisión y otras características, a cada uno de nosotros alguno de estos temas nos afecta de manera especial. Por ejemplo, de pequeño tuve dos padres enfermos y desde temprano empecé a cuidarlos, de forma que interioricé ese rol de cuidador. Esto me ha llevado a estar siempre volcado en los otros (hasta decidí dedicarme a ello profesionalmente) y, si no me mantengo vigilante conmigo mismo, tiendo a anteponer las necesidades o gustos de terceros a los míos. Cuando pasa esto, me invade una sensación de hartazgo, de querer mandarlo todo a la mierda, y fantaseo con el hecho de estar solo y no darle cuentas a nadie. Observar y permanecer en ese estado de hasta los cojones de todo, sin juzgarlo de pesimista y tóxico o taparlo con las muchas cosas que gracias a Dios hay en mi vida, me llevó a entender que estoy anteponiendo las necesidades de otros y que, en mi caso concreto (quizás para otro no porque no ha vivido lo que yo), es especialmente importante que defienda, a capa y espada y pase lo que pase, ciertos espacios o actividades propias, como bailar salsa, mi hora con mi entrenador personal (tengo problemas de espalda serios y lo noto si no hago ejercicio) o el rato que pinto miniaturas. Tengo que domar el caballo que siempre, como primer impulso, decide cancelar lo que a mí me apetece o necesito para atender a otros. Si no entendiera esa sensación desagradable, fruto de quedarme en el hartazgo y ver de dónde venía, jamás habría podido llegar a entender el problema y por qué debo tener muy presente esta cuestión para no volver a estar hasta los cojones de todo. Porque, sí, mi vida funciona muy bien y tiene cosas muy bonitas, pero también quiero mandarla a la mierda cuando dejo que ese caballo se desboque.

Pero entender nuestro malestar no solo nos ayuda a saber qué necesitamos, sino también a comprender por dónde nuestra mente nos juega malas pasadas, pues en esos temas sensibles solemos distorsionar la realidad, ser especialmente reactivos e hipersensibles o engañarnos a nosotros mismos para protegernos del dolor. Entenderlo nos hace saber cómo nos automanipulamos y de esta forma podemos evitarlo o al menos reducir sus efectos o ser capaces de tomar cierta distancia cuando eso se activa. Todos tenemos caballos que domar: temas sensibles con los que debemos ser especialmente vigilantes. Escuchar nuestro malestar es lo que más nos ayuda a entender el problema y, una vez superado, saber a qué debemos estar atentos, bien para defender necesidades o bien para no ponernos trampas a nosotros mismos.

Creo que todas esas tendencias, en el fondo, tienen un punto de enorme cobardía: no mires el problema, finge que no existe, así no tienes que sentir todo ese dolor o no tienes que hacer cosas difíciles para combatirlo… Si te automanipulas y aprendes a verlo todo bonito o a fingir que eso que te duele no es tan importante, el problema no te afectará y, al no afectarte, no tendrás que confrontarlo y hacer eso que te acojona o que sabes que será un buen percal.

Recuerdo que, de pequeño, todas las noches me iba un rato a la cama de mi madre y, entre sus sábanas y camisón blanco, hablábamos de nuestras cosas. Creo que es de los mejores recuerdos de mi puta vida. El caso es que muchas veces me contó la historia de *El traje del emperador*, donde unos supuestos sastres se presentaron en la corte de un egocéntrico soberano y le explicaron que eran capaces de bordar no solo la más hermosa de las telas, sino además la más especial, ya que únicamente quienes fuesen inteligentes y dignos de su puesto serían capaces de verla; por tanto, quien no fuera capaz de ello, resultaría un ignorante o un incompetente.

El emperador, deseoso siempre de pavonearse ante su corte y súbditos con las más excéntricas muestras de su poder e inmensas riquezas, les ordenó rápidamente que le confeccionaran un hermoso traje de ese paño tan especial, para lo cual les garantizó todos los medios que necesitasen a los falsos tejedores. Estos le pidieron kilos y kilos de pedrerías, perlas, piedras preciosas e hilos de plata y oro, pues aseguraban que solo con esos materiales podía tejerse esa tela sin igual. Los criados del emperador les llevaban las costosísimas materias primas, que ellos robaban fingiendo simplemente que usaban la rueca para coser y las tijeras para cortar, y movían las agujas como si tejieran, cuando realmente no estaban confeccionando nada.

Al terminar el supuesto traje, se lo «mostraron» al emperador, también a la emperatriz, y le animaron a probárselo. Lógicamente, aquel soberano no era capaz de ver nada, pero, como no quería quedar mal ante su esposa, fingió probarse la ropa, y todos, incluida su mujer, le decían que le quedaba enormemente bien. Cuando se lo mostró a los ministros y cortesanos, todos, hasta el más humilde de los ayudantes de cámara, se maravillaron y promulgaban las alabanzas y majestuosidad de los tejidos, temerosos de evidenciar que eran incapaces de asumir sus cargos.

El emperador, contentísimo, ordenó organizar un desfile por las calles de la capital para que el pueblo entero contemplase su opulencia y grandeza. Todo el mundo veía la piel desnuda de su majestad imperial, pero nadie se atrevía a llevar la contraria a los demás y se deshacía en piropos. Finalmente, un niño pobre fue el primero en decir: «El emperador está desnudo», y ya nadie tuvo reparo en admitir la vergonzosa realidad: siempre lo había estado, pero nadie se atrevía a encarar el problema, así que todos llevaban un buen rato viéndolo pavonearse con la chorra al aire.

A nosotros, pobres desgraciados, nos ocurre en nuestra vida lo mismo: no nos gusta reconocer que vamos con el rabo al aire (y que posiblemente este mengüe con el frío), pero si no lo reconocemos, no podemos cubrirlo. Hay que aceptar esa hiriente verdad para poder reaccionar a ello.

Desde gran parte del pensamiento positivo se postula que el problema no existe, que tu dolor es el resultado de tu forma de interpretar o afrontar la realidad. Vamos, que, en cierto modo, niegan la existencia del problema. Mientras siga enganchado a que el problema no existe, no voy a poder reaccionar al mismo.

Una paciente acudió a mi consulta sintiéndose fatal por presentar muchas inseguridades y por tener sentimientos encontrados hacia sus padres, lo que la llevaba a llamarlos poco y estar siempre buscando excusas para no verlos, algo que le generaba mucha ansiedad y unos sentimientos de culpabilidad terribles.

Exploramos su biografía, especialmente la relación con sus padres, y, sobre todo, sus sentimientos cuando hablaba conmigo en la sesión sobre el tema. Ella siempre decía que la culpa era suya por no ser capaz de ver las muchas cosas buenas que sí le habían dado sus padres, tales como unos estudios universitarios y otro montón de cosas materiales, o que había padres peores, que pegaban a sus hijos. Yo la invité a que no se juzgase, que simplemente intentásemos darnos cuenta de dónde venían esos sentimientos y qué hechos los apoyaban.

Conforme se fue sintiendo segura conmigo, apareció que, si bien sus padres no habían sido siervos de Belcebú, sí habían sido unos progenitores excesivamente exigentes, que invirtieron esfuerzos y tiempo en ella, pero casi siempre a fin de fomentar y desarrollar sus habilidades para que triunfase y poco para disfrutar con ella, escuchar lo que tenía que decir, jugar o expresarle cariño.

Ella, cuando veía esto, se enojaba enormemente, y parecía muy segura de sí misma en esa cólera, pero luego se culpaba de ser incapaz de quedarse con lo bueno que sí le habían dado, porque era muy exagerada y no había sido para tanto, por entender que debía perdonarlos, pues el perdón es la única forma de no ser tóxica y sanar sus heridas (quisiera ella de corazón perdonarlos o no), o ver que sus padres solo eran una parte pequeña de su vida ahora, que era adulta, y que únicamente tenía que centrarse en su trabajo o su pareja, que eran cosas maravillosas de su vida, y si se amargaba con esto era por ser inmadura e infantil.

Finalmente, entendió que los problemas con sus padres, aunque vinieran de asuntos del pasado, eran algo que seguía doliéndole. Que dudar continuamente de sí misma y de sus motivos para estar enfadada, evadiéndose con lo bueno de su vida, que ella reconocía y que sabía valorar, era poco más que una excusa cobarde para no hacer frente a un conflicto con sus progenitores que le daba mucho miedo. Así que prefería quitarse la razón y culparse como forma de no encarar unas difíciles y duras, pero necesarias, conversaciones con sus padres, en vez de seguir huyendo y negándose una sencilla realidad a sí misma: que, si bien amaba a sus padres, también estaba enfadada con ellos por ser excesivamente exigentes. Y que seguir negándose a sí misma y dudar de su propio criterio la hacía sentirse insegura y eso le generaba ansiedad.

Varias veces, a lo largo de esa terapia, le cité las palabras del gran Eugene Gendlin: «Ignorarlo no lo va a hacer desaparecer, y reconocerlo no lo va a crear, y es que está ahí por un motivo, para hacer algo con ello». A todos nos gustaría que, escondiendo la cabeza en la arena como los avestruces, nuestros problemas desaparecieran, y más si es una arena hecha de purpurina, unicornios y dibujitos más monos que el gatico de *Shrek*, pero eso, sencillamente, no es real ni maduro. Tu problema va a estar ahí hasta que le eches cojones y lo soluciones.

## Entender el problema para solucionarlo

Volviendo al ejemplo del médico de páginas anteriores, este no solo consultará información con su paciente, también observará la historia clínica del mismo y, muy posiblemente, le mandará pruebas diagnósticas para tener aún más datos sobre la enfermedad a la que se enfrenta. ¿Por qué? Porque cuanta más información tenga de la misma, más fácil le resultará diseñar un plan de tratamiento. Si no entiendo un problema, no puedo solucionarlo, voy a estar dando palos mayoría de las veces se basa en esa idea de que intentes enterrar tus sentimientos desagradables y pelillos a la mar, que te centres en lo bueno o que te trates de una manera dulzona y sobreprotectora, viendo las cosas bonitas que tienes (que seguro que las tienes, ¿eh?, pero eso no impide que te sientas como el culo ni supone que se solucionen tus problemas). Incluso los vídeos y blogs hechos por psicólogos u otros profesionales más serios (conozco *coaches* que son la polla, aunque he de decir que son una *rara avis*) suelen estar repletos de herramientas y estrategias para enfrentarte a aquello que quieres cambiar.

Te lees toda esa información y te repites a ti mismo por qué quieres cambiarlo, por qué quieres ser positivo o hacer de forma diferente eso que necesitas en tu vida, y, claro, en ese momento te sientes mucho mejor porque te imaginas ya haciéndolo, te han dado un montón de eslóganes y frasecitas motivadoras para ello y te recalcas a ti mismo que esta vez vas en serio, pero al final... te comes un buen mojón.

Vuelves dolorosa y sistemáticamente a aquello que, según te convenciste, no querías de ninguna manera en tu vida y que vives como una de las grandes fuentes de tu malestar.

Puede que, a base de mucha fuerza de voluntad, durante unos días consigas mantener ese cambio en cómo te comportas o en esa otra forma de tomarte las cosas, pero pronto ves que tu fantasía, digna de un vídeo de PornHub, se queda en eso, en una escena que tan poco tiene que ver con la realidad como el porno con la sexualidad de dos adultos promedio.

¿Por qué vuelves a caer en eso que te perjuraste que no harías? ¿Por qué vuelves a una manera de funcionar que sabes que es dañina y perjudicial para ti? Aparte de por tener una visión errónea del problema (bastante te he dado la murga antes con eso), posiblemente sea porque eres incapaz de entender la función que tiene. Como dice el refrán, «el árbol te impide ver el bosque», es decir, te has centrado tanto en lo que quieres cambiar que no has sido capaz de ver la totalidad del asunto, ya que nuestras acciones (en el sentido más amplio: sentir, hacer, pensar...) nunca ocurren de forma aislada y sin verse enormemente influidas con todo aquello que está interconectando sobre nosotros mismos, nuestro entorno y relaciones.

Te voy a contar una cosa: las personas (y esto puede que te sorprenda, especialmente si ves los medios de comunicación y la política actual) no somos gilipollas. O al menos, no intencionadamente. Nadie se hace algo pernicioso a uno mismo adrede, lo hacemos porque eso que te viene tan mal es tu forma de cubrir una necesidad o de protegerte de algo que percibes o temes como extremadamente doloroso.

En ocasiones realizo sesiones de supervisión con psicólogos novatos. La supervisión consiste en que un psicólogo recurre a otro con más experiencia o más formado en algún área concreta y le cuenta lo que le está ocurriendo a cada paciente y cómo trata de manejarlo, a fin de que el más experto le aconseje sobre qué hacer ante las dudas, le muestre nuevos caminos a explorar con el paciente o le cerciore de que está haciendo bien las cosas. En algunos casos y dependiendo del tipo de terapia, la supervisión ayudará al psicólogo a ver qué se remueve dentro de él, qué siente en las sesiones con el paciente con el que está trabajando, de modo que tome conciencia de qué cosas son propias y cuáles son del paciente. Suelo animar a los principiantes a que no se pregunten únicamente qué le pasa al paciente o cómo ocurre, tampoco a que miren exclusivamente la técnica que desean implementar para cambiarlo (los psicólogos inexpertos suelen calmar sus miedos escudándose con frecuencia en una psicoterapia excesivamente técnica), sino que se planteen antes que nada «para qué» realiza el paciente eso que en apariencia es tan negativo.

Con muchos pacientes también empleo esta técnica, la de que respondan a qué parte buena puede tener eso que están realizando o qué intentan conseguir con ello. Quizás es una buena pregunta que puedes hacerte: ¿para qué funciono así? No voy a venderte la moto, no es fácil llegar solo al «para qué», pero muchas veces algunos pacientes se dan cuenta de cosas asombrosas y les ayuda enormemente.

Por aterrizar estas ideas en algo más concreto y menos abstracto, vamos a poner un ejemplo. Esta vez no es de mis pacientes, sino de un espacio de televisión que, si no eres un chaval, posiblemente lo hayas visto o te suene: la famosa serie del doctor *House*. Por si no la has visto, te la cuento; y si la viste, te la recuerdo brevemente: la serie trata sobre un médico que es un genio y un sarcástico cachondo que te cagas (me flipaba). Tenía un problema por una extraña enfermedad que le producía unos dolores terribles en la pierna, así que consumía vicodina, un opiáceo muy potente que usaba como calmante. Como la enfermedad no tenía cura, pues el doctor House acabó un pelín yonqui con el tema de las pastillas, lo cual alteraba sus problemas de mal humor y lo volvía insoportable, razón por la cual las personas que lo amaban se alejaban de él y acababa bastante solo y amargado, algo que le llevaba a meterse más pastillas o estar más insoportable.

El doctor House podría haber ido a terapia varias veces, formarse en estrategias para el manejo de la adicción y mil historias más, porque, lógicamente, ser drogadicto no es algo que venga muy bien a la vida de nadie, pero, claro, querer quitar esa conducta que es un problema y que es un objetivo muy lógico choca con la funcionalidad de ese problema: manejar el dolor de la pierna. Es casi imposible que el pobre doctor House pueda dejar de hacer eso que le viene mal, tomarse la vicodina, mientras la pierna le duela horrores, porque esa es la función de esa conducta. Por suerte para ti o para mí o para el 99 por ciento de la población, nuestros dolores no son una enfermedad sin cura, sino que provienen de heridas emocionales del pasado, del miedo a ser rechazados o a fracasar, del pavor a vernos mal con una depresión, y eso se puede curar con una buena terapia, comprometiéndonos con nosotros mismos y mirando y aprendiendo a tratar bien la parte de nosotros que no nos gusta (a mí, personalmente, me cuesta menos mirar y enseñar al Ventura que da conferencias para mil personas que al chaval de catorce años al que llamaban Quasimodo y con el que se metían) y echándole cojones. Por eso fracasas estrepitosamente cuando intentas dejar de comer cosas que engordan, ser más activo y sociable, cuando intentas relajarte y no estar a cada momento pensando en todo o cuando intentas controlar tu enfado, porque no estás viendo la función, el «para qué» de esas conductas que, lógicamente, no te vienen nada bien, pero que te protegen (o crees que lo hacen) del dolor, que te ayudan a taparlo y manejarlo, como el doctor House con su vicodina. Y como necesitas hacerlo porque es lo único que sabes hacer y eso te duele, pues volverás a ello una y otra vez, por mucho que, como dice el refrán, «sea peor el remedio que la enfermedad».

El problema es que siempre que nos miramos, solemos hacerlo más juzgándolo que intentando comprenderlo, diciéndonos que «somos imbéciles por comer cosas que engordan por las noches» en vez de mirar por qué hacemos eso y descubrir por qué tenemos mogollón de ansiedad o por qué estamos muy tristes. No es solo que juzgarte todo el rato sea tratarte de una forma como no tratarías a un amigo, sino que no es útil: si te juzgas y únicamente tachas algo de malo y tratas de cambiarlo, sin pararte a empatizar contigo y entenderte, nunca lograrás cambiarlo.

A veces esto es difícil de ver (si no fuera difícil, no existiría mi profesión), pero cuando logras afrontar el problema de fondo, ese que te lleva a esas conductas que te están haciendo daño, y puedes sanar la herida, no necesitas seguir haciendo aquello que te sabotea y entonces resulta muy fácil poder cambiarlo.

Así que, en vez de criticarte e intentar cambiar dando palos de ciego, mírate (aunque verás algunas cosas que duelen), entiéndete y entonces podrás hacer algo distinto.

## El problema y yo

Mi profesor de salsa, Rafa León (gracias por la paciencia y por recordarme que lo importante es disfrutar), me comentó que en uno de sus viajes estuvo con una cubana de gran reputación y prestigio a la que le pidió lecciones de baile. Ella, antes que nada, le solicitó que bailase e hiciese diferentes pasos de baile para ver no solo su nivel, sino también sus puntos fuertes y débiles como bailarín, ya que así sabría cómo le tenía que enseñar a bailar y cuánto tiempo le costaría, cobrándole en función de ello. Puede parecer extraño, pero entender al alumno que tiene que realizar el aprendizaje permite mucho más fácilmente crear un plan de intervención eficaz.

Considero enormemente importante el hecho de entender cómo vivimos cada uno de nosotros nuestro problema y cómo somos. Con frecuencia, los intentos de solución de los problemas son fórmulas estandarizadas, técnicas, consejos o hábitos que son aplicables a todo el mundo por igual. La estandarización de estas es uno de los objetivos de muchos profesionales, especialmente los más encargados de la investigación, y, aunque es algo positivo, muchas veces presenta el problema de que se cae en cierto reduccionismo, que no es otra cosa que simplificar en exceso un proceso complejo.

Una solución puede ser ideal para unas personas y no para otras. No por la solución en sí, sino porque puede que yo no la implemente al ser algo con lo que no me siento cómodo, impropio de mí, en contra de alguno de mis principios o sencillamente por incapacidad. Un ejemplo puede ser la recomendación habitual de practicar deporte para salir de la depresión como forma de activación conductual, un tratamiento eficaz[4].

Hasta hace unos pocos años, en los que mis dos hernias discales en la espalda me empezaron a doler de verdad, yo no era una persona deportista. Solamente cuando me he visto rabiando de dolor he empezado a hacer deporte en serio para perder peso y tener fortalecida la musculatura a fin de «distribuir el peso» y que no recaiga todo en mi cascada espalda. Varias veces me prometí a mí mismo que haría deporte: como profesional sanitario que soy, era bastante consciente de los beneficios que tiene y que en mi vida debía ser uno de esos hábitos saludables de los que tanto se habla.

Pero es que no me gusta un carajo. Soy una persona extremadamente torpe, así que casi todos mis recuerdos de hacer deporte consisten en la frustración de las clases de educación física o en que me eligieran de los últimos para el equipo de fútbol en los recreos del colegio porque «al menos Ventu es muy simpático», así que no asocio deporte precisamente con buenas sensaciones.

---

[4] Morres, I. D., Hatzigeorgiadis, A., Krommidas, C., Comoutos, N., Sideri, E., Ploumpidis, D., Economou, M., Papaioannou, A. y Theodorakis, Y. (2019). «Objectively measured physical activity and depressive symptoms in adult outpatients diagnosed with major depression. Clinical perspectives». *Psychiatry Research*, 280.

Tampoco soy una persona competitiva, así que no suelo experimentar ese disfrute que sienten algunos al superar a otros o a sí mismos.

El caso es que, si no he hecho deporte en mi vida durante mi estado óptimo porque me parece un soberano coñazo y no me gusta, ¿crees de verdad que me voy a sentir motivado a hacerlo estando encima deprimido? Eso está más abocado al fracaso que una delegación de Podemos en el barrio de Salamanca de Madrid, por mucho que esté demostrado científicamente que la práctica de deporte es un tratamiento eficaz para la depresión.

Otras veces, la solución choca frontalmente con valores personales. Por ejemplo, cuando estudié mi posgrado de Sexología, nos explicaban que una herramienta básica en el tratamiento de la anorgasmia es que la persona se masturbe frecuentemente para comprender mejor su cuerpo y sus preferencias, pues conociéndose mejor a nivel sexual le resultará más fácil encontrar el orgasmo cuando realice sexo con otra persona[5].

Esto es muy cierto, pero quizás no es un tratamiento compatible con una persona de profundas creencias religiosas, donde su fe puede jugar un papel más importante en su vida que su sexualidad. Esto no es ni bueno ni malo, cada persona es diferente y escoge qué tiene más peso en su forma de entender las cosas. Lo que quiero señalar con todo esto es la importancia de no solo conocer el problema para poder solucionarlo, sino también de conocernos a nosotros mismos para encontrar una solución adecuada y congruente con quienes somos realmente.

Ayudar a la gente a cambiar no es nada fácil, precisamente por esto, porque las personas son extremadamente

---

[5] CABELLO, F. (2010). *Manual de sexología y terapia sexual.* Madrid: Editorial Síntesis.

complejas. Por mucho que tengan mecanismos comunes, cada uno posee su propia individualidad, contradicciones y forma de vivir las cosas. (Por ese motivo, junto con la sensación de encuentro humano con el paciente, es por lo que en mi trabajo se me ponen los pelos como escarpias de la emoción). Así, escribir en genérico sobre soluciones o recetas resulta, cuando menos, osado y complejo.

La mayoría de los divulgadores de este tipo de contenidos suelen (o solemos, que yo en mi blog y redes intento no dar pautas cerradas ni muy específicas por esto, pero al final tienes que intentar dar un mensaje universal porque no sabes quién lee o ve tus publicaciones) ofrecer material genérico, con reglas o *tips* para hacer algo que muchas veces no es aplicable a todo el mundo o cae en cierto reduccionismo, también provocado porque el formato de Internet invita, cuando no obliga, a desarrollar las ideas de forma sencilla, muchas veces simplista, en vídeos cortos, blogs de poco más de una página de Word o una imagen bonita, con lo que resulta casi imposible no ser reduccionista hasta vomitar.

También es trascendente entender cómo vivimos el problema, ya que, cuando tenemos uno, realmente tenemos dos. Por un lado, el problema en sí mismo, como no saber qué queremos hacer con nuestra vida y, por otro, cómo nos sentimos con aquello que nos está pasando. No es lo mismo una persona que se siente culpable o vaga por no saber qué hacer con su vida que una que entiende que es bueno tomarse un tiempo para pensar algo tan importante. Como ves, cómo vivimos lo que nos ocurre muchas veces es un problema en sí mismo o va a influir de forma decisiva en la forma en la que experimentemos ese problema o su posible solución. «¿Cómo me siento con esto que me pasa?» y, en especial, «¿qué es lo que más me duele de todo esto que estoy viviendo ahora mismo?» suelen ser preguntas esenciales para entender nuestra vivencia de aquello que nos pasa.

Uno de los inconvenientes del pensamiento positivo es precisamente esto, que tiende a hacer que mucha gente viva de forma muy negativa el hecho de estar de bajón, triste, sin ganas de nada o enfadado, de modo que algo que no es agradable pero no es necesariamente dañino se convierte en un problema no por ese estado en sí, sino porque hacen que lo vivamos como algo absolutamente terrible y deplorable.

## Culpabilizar a la gente por estar mal

Pero lo que más me jode de toda esta mierda positiva es el hecho de que culpabilizan a las personas de estar mal.

Detrás de todas esas imágenes con dibujos y serigrafías bonitas hay un mensaje cruel y juzgador a morir. Ser positivo y «superarse y crecer» supone el nuevo imperativo, un dogma casi moral que, como cualquier otro, tiene sus sumos sacerdotes (psicólogos, *coaches* e *influencers* que se suben al carro) y un mensaje que se presenta como la solución a todos los problemas, pero, sobre todo, el mensaje de que lo estás haciendo mal o eres deleznable si no sigues esa tendencia. Con frecuencia veo en redes sociales la frase «Aporta o aparta» u oigo en conversaciones que una persona es «tóxica» solamente por ser pesimista o estar pasando un mal momento.

¿En qué momento nos hemos vuelto tan hijos de puta y poco empáticos que hemos privado a la gente del derecho a estar mal?

¿Cuándo la compasión por el dolor de otro desapareció de nuestra sociedad para sustituirla por un montón de mierdas sobre salir de la zona de confort o de que si la vida te da limones no te puedes quejar y tienes que hacer jodida limonada?

A las personas nos cuesta entender nuestro malestar emocional (y ya te he dado antes el rollo de por qué es tan importante). Esto viene de que vivimos en una cultura marcada por el pensamiento judeo-platónico-cristiano. Y no me quiero poner aquí como un documental de La 2 para contarte qué es eso, solo te diré que en la civilización occidental se dio primacía a lo racional frente a lo emocional y esto ha creado una cultura y un sistema de enseñanza donde se forma mucho a las personas para que aprendan a pensar y razonar, pero no a entender cómo se sienten y a saber gestionar sus estados de ánimo. Además, nuestra cultura tiene una clara tendencia a tratar de manejar los problemas interiores a través de lo exterior: si te duele la cabeza, te tomas una pastilla; si estás triste, te vas de compras a pensar en otra cosa y llenarte con la sensación momentánea de entusiasmo por comprarte algo bonito y que muy probablemente no necesites o no te vaya a ayudar un carajo a resolver lo que te pasa. Hasta variables muy íntimas como la espiritualidad se basan no en lo interno, sino en lo externo (aunque con matices, el cristianismo básicamente va de ser buenos con otros, es decir, con la gente de fuera).

No me voy a poner a hacer una crítica desgarradora contra Occidente, me gusta profundamente ser occidental y creo que, a pesar de nuestros errores, todas estas tendencias nos han dado cosas como la filosofía, la importancia de cada individuo, el humanismo, los derechos que hoy llamamos universales o el método científico, pero simplemente señalo que siempre que se fomenta una cosa es en decremento de otra y que nosotros apostamos muy fuerte por la esfera más racional y externa frente a la emocional e interna.

Introducir la inteligencia emocional (pero bien entendida, por favor, y no la mierda simplificada que estoy seguro de que a su creador, Daniel Goleman, psicólogo que cogió los principios de la Gestalt y los convirtió en un modelo más sencillo y estructurado, le darían ganas de vomitar) o, mejor aún, sesiones en grupo entre personas para que tengan un espacio de contacto consigo mismos y otros y se den cuenta de cómo se sienten y relacionan, para los niños en el sistema educativo o como una práctica habitual entre los adultos es el sueño húmedo de muchos psicólogos, entre los que me incluyo. Pero es bastante difícil que eso ocurra a día de hoy o que no se haga de forma superficial y con una fuerte tendencia al mamarrachismo.

Por todo esto, y por nuestra inclinación a no querer ver las verdades dolorosas de nuestros sentimientos, del mundo o de nosotros mismos, muchas veces no entendemos una mierda cómo nos estamos sintiendo ni qué nos pasa para estar así de mal... Y en todas esas viene la magia del pensamiento positivo a joder aún más la marrana.

A fin de cuentas, si no tiene una explicación clara, no es extraño pensar que somos nosotros mismos los que nos imbuimos en ese malestar, que nos lo provocamos de alguna manera. Además, todas esas frases sencillas y reduccionistas, deformadas hasta la caricatura, sobre que todo depende de la actitud con la que lo afrontes (que es algo vital, pero se explica de forma sesgada y reducida como un eslogan, sin detallar el proceso necesario para cambiar de actitud) o que únicamente tienes que ver la parte buena de la vida, no ayudan nada a anular por completo la sensación de que el problema por nuestro malestar radica en algo que hacemos mal, en no ser suficientemente optimistas.

«Estás haciéndolo mal, la felicidad solo depende de ti, de que afrontes las cosas con una buena actitud y te centres en lo positivo que sí existe en tu vida o aprendas a quitarle importancia a aquello que te ha hecho daño, porque en el fondo no es tan importante y el problema es que te obsesionas con ello... Eres tú el que se jode la vida solito porque eres un gilipollas que prefieres ver lo malo cuando podrías ver lo bueno. Te vas a quedar solo porque eres un tóxico de mierda que prefiere quejarse, ya que así solamente atraerás cosas negativas cuando podrías salir de la zona de confort y crecer y superarte».

¿Cómo te has sentido después de leer este párrafo? Supongo que no es agradable leerlo. Pues ese, básicamente, es el mensaje subyacente en toda esta filosofía barata que ha cogido ideas profundas (ya te hablaré más adelante de eso) y las ha distorsionado hasta lo absurdo, dejándolas en deformes engendros intelectuales, respecto a lo que originalmente fueron.

Entonces tendremos un problema adicional, aparte del que nos aflige, y es el hecho de que nos sentiremos culpables por provocarnos todo ese malestar, por no saber manejarlo, y frustrados y estúpidos porque, tal y como nos lo venden desde este pensamiento positivo de papel maché, se debe simplemente a que no lo estamos haciendo bien por fijarnos en aquello negativo, quejarnos, no saber disfrutar de la vida, no verlo como una oportunidad para crecer personalmente (no, si te vas a tener que alegrar de estar de mierda hasta el pescuezo...) o tener una actitud derrotista.

Encima de perro, *apaleao*, vamos.

No sentirnos con el derecho a estar mal es algo especialmente dañino y pernicioso no solo por sus efectos prácticos a nivel de exposición e integración emocional, sino porque me parece de una crueldad enorme que hagamos que la gente que sufre y a la que le pasan putadas no tenga al menos el derecho a que le afecten. Es ética o moralmente deleznable, y habla mucho de cómo por el miedo al malestar y la búsqueda del placer constante estamos deshumanizando la sociedad hasta límites intolerables.

¡Claro que sí, joder, hagámosles sentirse culpables con la dictadura del pensamiento positivo, seguro que eso les ayudará que te cagas a afrontar el problema y a sentirse mejor!

Sin embargo, experimentar que nuestros sentimientos son válidos y apropiados incluso cuando son desagradables, como es el caso del enfado y la tristeza, resulta algo increíblemente terapéutico. De hecho, uno de los psicólogos más importantes del siglo XX, Carl Rogers, quien fuera nada menos que presidente de la American Psychology Association (algo así como la FIFA de la psicología, es decir, el órgano de salud mental con más prestigio y reputación a nivel mundial), creó un modelo de terapia que prácticamente se basa en legitimar y aceptar incondicionalmente los sentimientos de sus pacientes, es decir, validar y hacerles ver que es lógico que sientan emociones desagradables, apoyándolos y acompañándolos en ellas para poder analizarlas durante la terapia. Solo haciendo esto, los pacientes experimentan una importante mejoría en su malestar y, por raro que pueda parecer, les ayuda a provocar cambios en su vida, ya que al sentir sus emociones como válidas, pueden mirarlas y, al hacerlo, entenderlas y, entendiéndolas, saber qué cambiar y cómo.

Ayudar a entender por qué es normal sentirse de una forma no es algo exclusivo de la psicoterapia humanista de Carl Rogers, sino que es algo que casi todas las corrientes de psicología clínica tienen presente de una manera u otra, normalmente en forma de lo que se llama psicoeducación, que consiste en «educar» al paciente sobre cómo funcionan determinados procesos que suelen explicar por qué se siente y reacciona de una determinada manera ante su situación. La interpretación que realiza el psicoanalista sobre cómo la conducta del paciente se ve influenciada por procesos inconscientes sería otro ejemplo de dar respuesta a esta necesidad de normalizar el sentirse de una forma determinada. Vamos, que uno no está mal aposta, sino por unos procesos psicológicos concretos que no son tan sencillos como decir que alguien es un puto cenizo.

Con este rollo sobre historia de psicología que te acabo de endosar trato de mostrar que ese culpar a las personas por estar mal no solo es algo mezquino y cruel desde el punto de vista humano y ético, sino que además es lo contrario de aquello que sabemos que es eficaz para que la gente pueda mejorar cómo se siente y producir cambios en lo que no funciona de sus vidas.

Pero no solo esta culpa es un problema, sino que, normalmente, cuando nos sentimos culpables o avergonzados por algo, tendemos a ocultarlo, a no querer mostrárselo a otros, por miedo a que nos rechacen o juzguen. Así que como ahora, gracias a esta maravillosa tendencia, resulta mal visto estar mal, pues las personas tienden a ponerse una falsa careta con una estúpida sonrisa pintada cuando están bien jodidos por dentro, sintiéndose hipócritas y, sobre todo, terriblemente solos.

Es increíble, durante mis sesiones a lo largo de un mes de trabajo con pacientes, la de veces que escucho que solamente en la consulta notan que puedan hablar libremente de lo que les pasa y cómo se sienten sin que nadie les vaya a reprochar nada, sin que les digan qué tienen que hacer o que no les hagan sentirse estúpidos o culpables por estar hartos de todo. Me parece tristísimo que haga falta ir a un profesional no para hacer una psicoterapia, que es algo complicado, sino simplemente para sentirnos escuchados y aceptados sin juicios.

Cuando tenía veinte años, mi padre falleció tras un largo y penoso proceso de envejecimiento en el que primero el Parkinson y luego el Alzheimer lo convirtieron en una parodia de lo que era, en una carcasa vacía donde ya no había rastro de su carácter, inteligencia o forma de ser. A los seis meses, a mi madre le diagnosticaron un cáncer incurable y luchó contra este como una jabata durante dieciocho meses. Falleció cuando yo tenía veintidós años.

¿Cómo me hubiera sentido si no me hubiesen dejado llorar? Si alguien me hubiese dicho «Si la vida te da limones, haz limonada», creo que, directamente, le habría partido la puta cara, y soy una persona poco violenta. Hay momentos de la vida en los que la limonada que puedes hacer, simplemente, sabe a mierda, y claro que quedarte en ese malestar no te va a ayudar a salir de ella, pero creo que, como decía mi profesor Javier Barbero, «tienes derecho a estar en la pena, pero no a instalarte a ella». (Y eso es aplicable a cualquier emoción).

Quizás estás pensando que ejemplos como este son algo diferente a lo que le pasa a muchas personas, lo de mis padres era un problema «real». Pues bien, la mayoría de las veces, cuando una persona se desborda es por acumulación. La gota que desborda el vaso no tiene por qué ser la más grande, simplemente es la que llega cuando el vaso está al límite, a ras, y ya no le cabe una gota adicional sin que se desborde, por pequeña que sea. Otras veces, sin embargo, un tema puede afectarnos enormemente, incluso de manera desproporcionada, pero no podemos evitar sentirlo así (hay una primacía del «cerebro emocional» versus el «cerebro racional», como te explicaré más adelante), normalmente porque golpea en una herida abierta del pasado. Un pequeño golpe que de ordinario no nos haría gran daño se convierte en algo que hace gritar de dolor al más valiente si nos golpea en una herida en carne viva o infectada, porque llevábamos arrastrándola mucho tiempo. Todos tenemos esas heridas infectas, temas sensibles que presenciamos o vivimos en el pasado y el menor roce nos hace ver las estrellas o nos da mucho miedo que eso que ocurra. Recuerda: nadie sufre por gusto, siempre hay un porqué, pero, como ya señalaba el psicoanalista Carl Jung, «pensar es difícil, por eso es que la mayoría de las personas prefieren juzgar», y eso es aplicable con otros, pero, sobre todo, también con nosotros mismos.

Considero que pocas cosas hay más sanadoras que el compartir el dolor con otros, ya que las personas necesitamos apoyarnos, compartir nuestro dolor, para obtener diferentes cosas en función del problema y del tipo de malestar. Normalmente, basta con sentir el calor de otro ser humano, sabernos acompañados y que le importamos a alguien en un momento de desdicha, que alguien nos echará una mano para salir adelante y que no estamos solos. También el hecho de contarle a otro nuestro dolor emocional y expresarlo nos ayuda a entenderlo, a conectar con nuestro mundo interno y ver algo que por miedo muchas veces no observamos. Más allá de la catarsis (algo así como el desahogo) de contar las cosas, compartir el dolor y sentirnos escuchados y validados en nuestra experiencia subjetiva de malestar es algo extremadamente sanador, una de las grandes ayudas que puede recibir una persona en un momento de debilidad.

De hecho, somos muchos los psicólogos y psiquiatras que postulamos que compartir nuestras emociones y expresar el dolor, conectando con el mismo en un clima de una relación «segura» donde sabes que el otro no te va a juzgar, es lo más sanador que existe. Especialmente si sentimos que el otro empatiza con nosotros y entiende cómo nos estamos sintiendo (y eso es incompatible con juzgar y acusar de «negativo» o «tóxico»). Por poner un ejemplo ilustrativo de esto, Lambert realizó una importante y afamada investigación sobre qué era lo que curaba realmente de la psicoterapia y obtuvo que nada menos que el 30-40 por ciento del cambio del paciente radica en que se establezca esta relación que llamamos «alianza terapéutica», cuyo principal rasgo es la sensación de sentirnos entendidos y no juzgados por aquello que nos pasa. La técnica que emplea el terapeuta, en cambio, no alcanza a provocar el 13-17 por ciento del cambio del paciente[6]. Norcross, otro afamado investigador, ha demostrado que el mayor factor de predicción de éxito de una psicoterapia es cuánto siente el paciente que su terapeuta empatiza con él, muy por delante de la experiencia de ese profesional o su nivel de conocimiento[7].

La autoayuda, en cambio, propone fórmulas reduccionistas para todos (técnicas y, encima, simplistas) y tiende a juzgar enormemente a las personas, transmitiendo de continuo ese «lo estás haciendo mal por no ser más positivo», atraer lo bueno, salir de tu zona de confort, poner en duda tus limitaciones o no sé qué pollas más.

## El positivismo y la evitación experiencial

Ese mensaje de tratar de centrarse en lo bueno, de distraernos y mirar lo que sí funciona, de intentar adulterar nuestro estado de ánimo con diferentes tipos de «técnicas» o hábitos, promueve que intentemos huir de nuestro malestar, en principio, fijándonos en aquello que sí es bueno de nuestras vidas o que nos ayuda a sentirnos mejor al poner en ello el foco, porque nos distrae o genera algún sentimiento agradable como la alegría.

---

[6] Asay, T. P. y Lambert, M. J. (1999). «The empirical case for the common factors in therapy: Quantitative findings». En Hubble, M. A., Duncan, B. L. y Miller, S. D. (eds.), *The heart and soul of change: What works in therapy* (pp. 23-55). American Psychological Association.

[7] Prochaska, J. O., Norcross, J. C., Fowler, J. L., Follick, M. J. y Abrams, D. B. (1992). «Attendance and outcome in a work site weight control program: Processes and stages of change as process and predictor variables». *Addictive Behaviors*, 17(1), 35-45.

El problema es que la evitación de sentimientos desagradables, es decir, el ir a contracorriente de nuestros sentimientos intentando no sentir aquello que es desagradable, como la ansiedad, la tristeza o la rabia, solo hace que lo sintamos de forma más intensa (una especie de efecto rebote) o que acabemos funcionando de una manera que tiene un nivel de desajuste mayor[8]. El positivismo, por tanto, promueve una actitud de «evitar» sentirse mal que no solo no funciona, sino que, fíjate en la paradoja, provoca que experimentemos aún mayores niveles de malestar, lo cual además nos hace vivirlo de peor forma de lo que es, pues postula que sentirse mal es terrible, de modo que si nos sentimos mal, lo vivimos como algo más grave de lo que es realmente, con lo que intentamos todavía más no sentirlo, y el malestar aumenta.

Como ves, se da así un enorme círculo vicioso que solo sirve para retroalimentar el malestar y que este cada vez amplifique más que es fruto de los esfuerzos activos y «técnicas» que se ponen en marcha para intentar no estar mal o huir de esos sentimientos cuando aparecen.

Otra teoría psicológica, conocida como la «ley de los vasos comunicantes», postula que la conducta, el pensamiento y las emociones son como tres vasos con agua interconectados, de forma que, si intentamos que uno de los recipientes no se llene, ese contenido pasaría a los otros, por lo que intentar «suprimir» una de las tres variables solo hace que las otras dos aumenten. Así, por ejemplo, si intentemos no pensar en algo que nos enfada, aumentarán nuestra emoción de rabia y las conductas asociadas, como dar malas contestaciones.

---

[8] Luciano, C. y Hayes, S. C. (2001). «Trastorno de evitación experiencial». *International Journal of Clinical and Health Psychology*, 1(1), 109-157.

A pesar de que en psicología existen múltiples escuelas y enfoques, todos están de acuerdo en la importancia de no evitar lo negativo, sino que hemos de permitirnos sentirlo y expresarlo, siendo probablemente uno de los puntos con mayor consenso entre los diferentes psicoterapeutas y sus orientaciones[9]. Esta supresión es precisamente lo que ofrece como «solución» la mayoría de las teorías del pensamiento positivo, ya sea centrándose en lo bueno, obligándonos a poner una sonrisa, aunque estemos dolidos, o fantaseando con lo que queremos ser o que ocurra y visualizándolo.

## El positivismo y la relación con uno mismo

Las personas estamos en continua relación con nosotros mismos. Se trata no solo de una comunicación interna con aquello que nos decimos, sino también, y sobre todo, de si nos tratamos bien o mal, principalmente en torno a si somos honestos y congruentes con nosotros mismos y nuestros sentimientos y a la hora de elegir el precio a pagar implícito en cada una de nuestras decisiones. Más adelante explicaré esto en otro capítulo y te hartarás de leer del tema, pero personalmente, y según mi opinión, este es el factor clave que determina nuestro bienestar, el estar en

---

[9] Shedler, J. (2010). «The efficacy of psychodynamic psychotherapy». *American Psychologist*, vol. 65, 2, pp.98-109. Laso Ortiz, E. L. (2015). «Cinco axiomas de la emoción humana: Una clave emocional para la terapia familiar». *Revista de psicoterapia*, 26(100), 147-162. Hervás, G. (2011). «Psicopatología de la regulación emocional: El papel de los déficit emocionales en los trastornos clínicos». *Psicología conductual*, 19(2), 347. Rogers, C. R. (1940). «The processes of therapy». *Journal of Consulting Psychology*, 4(5), 161.

paz, muy por encima de que las cosas nos salgan bien o mal o de cómo tratemos de enfocarlas.

En esta relación con nosotros mismos, ya he señalado por qué creo que el pensamiento positivo y la mayoría de la autoayuda son nocivos no solo porque provoca que otros nos culpabilicen por el hecho de estar mal, sino también porque nosotros mismos lo hacemos si les damos credibilidad a estas teorías.

Pero es que, además, esta deformación cobarde de la realidad implica, respecto a la relación que tenemos con nosotros, el abandono de uno mismo, en especial de «la parte de cada uno» que sufre y de aquellos principios que supuestamente elegimos y seguimos para guiar nuestras vidas (esto de «la parte de cada uno» es solo una metáfora, tranqui).

El pensamiento positivo te invita a que te abandones cada vez que estás mal, que te centres en la parte de ti que sí se encuentra bien y le des la espalda a la que no, que encierres esa parte de ti que llora, que está enfadada o desesperada, y la encierres en una mazmorra profunda para no verla nunca más; que ni siquiera oigas sus porqués o lo que tiene que decir (entenderla) y que la censures y reprimas sin más.

¿No es acaso la parte de ti que sufre la que más necesita de tu cariño, de tu consuelo, de tu compromiso, de tu atención?

Aseguran muchas veces que debes quererte, que debes ser importante para ti, pero solo eres digno de eso si te muestras positivo, sí, te dicen que te abraces pero que abandones la parte de ti que está triste y mal (que a fin de cuentas eres tú, ya que somos un todo global). El mensaje es increíblemente contradictorio y hasta esquizofrénico: quiérete, aunque no vales nada si no eres positivo; vales tal y como eres, pero sal de tu zona de confort y cambia; acéptate, solamente si eres positivo; confía y ten seguridad en ti mismo, pero protégete del dolor porque no puedes con él. Detrás del título «autoayuda» lo que hay es un automachaque continuo de flipar.

Otra importante teoría psicológica a entender aquí es la de «comunicación procedimental». Como bien estudió y definió Watzlawick, uno de los mayores estudiosos de la comunicación humana y teóricos de la terapia sistémica, las personas siempre estamos comunicando algo, y esto no lo hacemos exclusivamente cuando hablamos, pues sobre todo comunicamos con aquello que hacemos o, justo lo contrario, con aquello que no hacemos. Es imposible no comunicar: toda acción o ausencia de ella transmite un mensaje[10]. De hecho, es notorio que pesa más aquello que hacemos que aquello que decimos, quizás porque no somos estúpidos y sabemos que es cierto eso de que «del dicho al hecho hay mucho trecho». Fíjate en cómo hemos normalizado que los políticos nos digan una cosa y hagan exactamente la contraria, así que nos quedamos con lo que hacen y le damos bastante poca credibilidad a sus discursos.

¿Qué nos decimos cuando nos abandonamos? ¿Te quiero? ¿Eres valioso e importante? ¿Puedes contar conmigo?

Pero es que si seguimos a rajatabla todas las mamarrachadas de la mayoría del discurso de la dictadura positivista imperante, no solo nos estamos comunicando todo esto, sino que hay más ingredientes en este cóctel de mierda que nos hacen, o más bien nos hacemos, beber.

Otra cosa que nos provocan todas estas teorías tan «fetén» es la sobreprotección. Patologizan sentimientos normales y adaptativos, como la tristeza o la rabia, y no lo

---

[10] Watzlawick, P., Bavelas, J. B. y Jackson, D. D. (2011). *Teoría de la comunicación humana: Interacciones, patologías y paradojas*. Barcelona: Herder Editorial.

digo ya por la señalada culpabilidad, sino porque nos lo ponen como algo que nos fuese a romper, como un golpe del que no podremos reponernos jamás. Tienes que ver siempre algo bueno, no vaya a ser que asumas y aceptes lo malo y no puedas con ello, pobrecito tú, tan débil y delicado como una figurita de Lladró, y te tires unos días mal o tengas una pelea, o sea, te juro que no lo soportarías (si eres *millennial*, las figuritas de Lladró son esas terriblemente feas de porcelana que tiene tu abuela en casa, aunque con lo perdido que estoy en estas cosas supongo que ya serán superretro-*vintage-kitsch* o alguna mierda de esas).

Si siempre te automanipulas, te haces deformar tu realidad y estado anímico viendo lo negativo, lo que te estás comunicando procedimentalmente es que no puedes afrontar lo malo de la vida. Y eso no es así, joder. Tienes la capacidad de afrontar el dolor y de reaccionar a este, aunque, como todo, para forjar y dominar una habilidad hace falta práctica, y tanto reenfocar las cosas y centrarte en lo bueno por cobardía te está impidiendo desarrollarla y, al comunicarte toda esa mierda de vulnerabilidad, te autoconvences de que eres un ser débil y pusilánime, más blando que la mierda de pavo. Además, nos señala que no podemos fiarnos de nuestro criterio, porque, claro, la realidad es como la ves, y si estás triste o jodido es que la ves mal... El problema es que si damos por válida esa premisa, si interiorizamos ese tóxico mensaje, significa que no nos podemos fiar de nuestra forma de percibir la realidad, lo cual nos genera más incertidumbre, pues deberíamos poner en duda todo lo que sentimos o pensamos de algo, y eso nos hace sentir aún más indefensos e incapaces cada vez que hemos intentado aplicar sus «mágicas recetas» y no hemos logrado cambiar nada. Parece que no lo puedes modificar, así que serás un desdichado toda la vida. Acojona, ¿no? Normal que quieras creer a la siguiente persona que te venda el próximo milagro de la industria de la autoayuda. Por si todo esto no fuese poco, también convierten en algo terrible cosas que quizás no son muy apasionantes o lo que más te gusta de tu vida, pero muy necesarias y hasta gustosicas, como es no hacer nada, la rutina o perder el puto tiempo. Nos obligan a consumir «experiencias» y «salir de la zona de confort» continuamente, como si nuestra vida no valiese tal y como es, o como si no tuviésemos un criterio claro, de forma que podamos decidir si nos apetece probar cosas nuevas o no. Es decir, crean un montón de problemas donde no los hay y nos dicen que, si no cambiamos eso, será *fatality* o nuestro valor como personas decaerá.

Finalmente, para acabar de joder la marrana, también te dicen que te fustigues y te exijas «ser la mejor versión de ti mismo». Y lo que te comunicas procedimentalmente si te crees este mensaje es que no vales tal y como eres, porque cuando algo está bien y resulta bueno, no lo cambias. ¿Alguien modifica la forma en la que se hace un bocata de jamón serrano? No, ¿verdad? Porque está jodidamente espectacular y para qué pollas vas a cambiarlo.

A mi entender, y a modo de resumen, el falso pensamiento positivo:

- Fomenta que niegues el problema y huyas de él.
- Te culpabiliza por experimentar emociones sanas, como la tristeza o la rabia, y te quita el derecho a estar mal.
- Convierte en un problema sentir malestar emocional cuando es un proceso normal.
- Provoca la evitación experiencial, lo que aumenta tus sentimientos negativos, las rumiaciones, las conductas de escape y distracción desadaptativas y la inestabilidad emocional.

- Te dice que no eres suficientemente válido tal y como eres.
- Te exige estar continuamente esforzándote y cambiando pase lo que pase en tu vida, quieras o no hacerlo.
- Te trata como un ser débil y frágil, incapaz de asumir el malestar inherente a la vida.
- Te impide entender tus problemas, requisito indispensable para poder reaccionar de forma adecuada a ellos.
- Te hace sentir incapaz, pues no sabes enfrentarte a una realidad porque no la estás «viendo de la manera adecuada».
- Da una visión reduccionista de la vida, basada en fórmulas y recetas iguales para todos y extremadamente simplistas.

Es decir, que el pensamiento positivo es cruel, cobarde, falso y enfermizo. Ahí es nada, para ser algo que se suele etiquetar como «autoayuda» o «motivador» y que tiene el tremendo ego de decirle a la gente cómo tiene que vivir las cosas. Y si no lo haces así, eres culpable. Tócate los cojones.

# 2

# PARA QUÉ SIRVE ESTAR MAL

«De las cenizas del fuego que consumió a aquel hombre que yo era resurjo con fuerza. No es una pose, no lo hago para que me crean. Es una certeza».

El Chojín (cantante de rap)

Después de darte la paliza con la idea de que no es bueno forzarnos a estar bien o automanipularnos para ver siempre lo bueno y que no es un drama que no todo sea supermegaguaychachipiruli y que vayas vomitando arcoíris y desprendiendo rayos cursis de positividad y *good vibes*, ahora te voy a contar para qué sirve estar mal o, dicho de forma más precisa, cuál es el valor adaptativo de las emociones desagradables.

Una cosa que me ayudó enormemente a entender al ser humano fue integrar lo que iba estudiando sobre psicología en una perspectiva amplia de ciertos principios de biología básica y de la evolución de las especies. Puede que estés pensando que soy un cabrón que se está volviendo a enrollar, que el profesor universitario vuelve a sus andadas soltando rollos, pero quiero ir al grano, solo que voy a dar un pequeño rodeo... de unos cientos de miles años atrás (escribiendo esto, ahora mismo, te aseguro que me estoy descojonando, encantado de mi autochiste penquísimo).

## Biología, evolución, cultura y emoción

La especie humana, como todos los demás seres vivos, presenta un diseño que es fruto de cientos de miles de años de evolución. Tal y como ya expuso Darwin en el siglo XIX, aquellas cualidades que hacen que la especie sea más adaptativa al medio, es decir, que la hacen responder de forma más eficaz a lo que ocurre en su entorno y de alguna manera aumentan sus probabilidades de supervivencia, pasan a la siguiente generación en su código genético. Esto no solo es aplicable a los rasgos físicos, como el cuello largo de las jirafas, que les permite comer de los árboles además de la hierba del suelo, lo que aumenta enormemente la cantidad de comida disponible para estos animales, sino también a determinado tipo de patrones de respuesta con los que los individuos de una especie nacen «de base», es decir, que no necesitan aprenderlos, vienen al mundo ya sabiéndolos.

En los seres humanos, ese conocimiento que es adaptativo y que pasa de generación en generación son las emociones. Las respuestas emocionales a determinado tipo de situaciones son una reacción adaptativa innata y universal; todos, independientemente de nuestra raza o cultura, nacemos con ellas, no tenemos que aprender a llorar o a enfadarnos o a excitarnos sexualmente.

Se trata de una respuesta automática e incontrolable que provoca cambios en nuestro cuerpo para crear un estado «óptimo» con el que tratar de cubrir una necesidad determinada.

Así, pensemos en la ansiedad, uno de los grandes problemas de las sociedades desarrolladas actualmente, pero que, en el fondo, es un mecanismo tremendamente adaptativo, sano y normal.

Cuando mi tatatatatatatatatatatatatatatatatatatatatatatatatarabuelo o por ahí iba por la Alpujarra granadina (mis padres eran de Granada) y se encontraba con un lobo, solo tenía dos opciones: luchar con él o huir lo más rápido que pudiera. Piensa en esas dos acciones. Para cualquiera de ellas vas a tener que hacer un enorme esfuerzo físico, llevando tus músculos al extremo de su capacidad y obligando a tu sistema circulatorio a llevar importantes aportes de sangre a esos músculos. Esta actividad consumirá grandes cantidades de oxígeno que se convertirán en dióxido de carbono y, en todo este proceso de quema de energía, tu cuerpo se calentará enormemente.

La ansiedad presenta una respuesta corporal que es fetén para todo esto: la tensión muscular (que muchas veces notarás en tus mandíbulas, en tu espalda o en tu pecho cuando estás estresado) ayuda para todo ese esfuerzo de correr o combatir; la respiración acelerada (lo que a veces te provoca la falta de aire en un ataque de ansiedad) es útil para sacar todo el dióxido de carbono que se genera cuando se realiza un esfuerzo físico enorme y de mucho gasto energético; los sudores fríos no son otra cosa que el mecanismo de «refrigeración» que activa tu cuerpo para compensar tu aumento de la temperatura corporal y así regularla. Como verás, esa respuesta emocional de ansiedad es la preparación de tu cuerpo para atender la demanda de todo lo que va a necesitar como resultado de ese gran esfuerzo físico.

Pero esta ansiedad no solo influía a mi antepasado en su respuesta corporal, sino también a nivel mental. Había algo que aumentaba la supervivencia aún más que el cambio físico del cuerpo, y era ser capaz de pensar mucho y muy rápido en ese momento, de poner la mente en un estado de alerta que le sirviera para detectar la presencia del lobo lo antes posible, de elaborar a una velocidad vertiginosa un plan de ataque o huida ante ese depredador, de analizar todo aquello del entorno que le pudiese ayudar a sobrevivir (rutas de escape, ramas o piedras que emplear como arma, árboles a los que trepar, ríos que cruzar...), evaluar el propio estado y las propias capacidades (¿puedo llegar de un salto a ese árbol?) poniéndose casi siempre en la peor de las situaciones. Porque nuestra conciencia evolutiva no es gilipollas y también sabe eso de que es mejor prevenir que curar... Esta es una de las razones principales por la que cuando algo nos preocupa le damos tantas vueltas, analizamos cada posibilidad, intentamos prever cada escenario o consecuencias de cada una de nuestras posibles acciones y, básicamente, por lo que se nos va la olla pensando mil movidas que tienen que ver con aquello que nos provoca ansiedad o que vivimos como una amenaza hasta un punto que a veces roza lo paranoico o ridículo.

¿Cuál es el problema entonces? Que lo que le daba miedo a mi antepasado *granaíno* era una situación que se terminaba rápidamente, ya que o mataba al lobo o lograba escapar (opciones poco probables, pero que, sin duda, eran más viables gracias a ese estado óptimo de ansiedad) o el lobo se daba un festín ese día. En cambio, lo que nos genera ansiedad hoy en día son realidades como las hipotecas que duran, cuanto menos, veinte años.

Tenemos un diseño pensado para nuestra realidad hace doscientos mil años; hay que entender que todos los escenarios de tecnología, de comodidad y de una relativa ausencia de violencia apenas existen desde hace un siglo, lo que, en términos de la duración de la vida humana, es poco más que un parpadeo. Incluso la cultura, incluyendo en esta a las primeras civilizaciones humanas, solo ocupan unos pocos de miles de años, lo que apenas llega al cuatro por ciento de nuestra historia como especie. Somos los descendientes genéticos de la peña que cuando veía al lobo experimentaba esa respuesta de ansiedad que le ayudó a sobrevivir, así que pasaron esa respuesta a la siguiente generación.

Gracias a la tecnología, las personas tenemos la capacidad de cambiar nuestro medio y hemos creado un mundo muy diferente al de nuestros antepasados, pero nuestra biología sigue siendo la misma y está preparada para responder de forma «adaptativa» a las situaciones a las que se enfrentaban los seres humanos de eras remotas, que han ocupado mucho más tiempo que la era «civilizada».

Estados que nos facilitaban reaccionar de forma satisfactoria o adaptativa a determinadas situaciones pueden ser contraproducentes hoy en día porque nuestro cuerpo no está diseñado para encontrarse en ellos de forma mantenida. La ansiedad es útil para una respuesta de veinte minutos, no de seis meses. Es como el motor de un coche: puedes ponerlo por encima de revoluciones durante un momento concreto para realizar un «esfuerzo» como adelantar o subir una cuesta, pero si lo mantienes mucho tiempo pasado de revoluciones, el motor, sencillamente se gripará y se irá a tomar por culo.

Otra variable a entender es que nuestras respuestas emocionales están íntimamente relacionadas con aspectos esenciales para la supervivencia de la especie, por eso tienen tanta fuerza. Da igual que a veces tus emociones puedan parecerte absurdas o hasta contraproducentes, se trata de una voz grabada en nuestra conciencia evolutiva a base de milenios que siempre se activa ante algo que nuestra mente «asocia» con la supervivencia, y entonces habla con una voz fuerte, rotunda, que tiene primacía sobre cualquier otra, incluida nuestra parte más racional.

Aunque solemos considerar al ser humano un ente racional y nos vanagloriamos de nuestra inteligencia (algo sorprendente a pesar de ver en qué políticos depositamos el gobierno del país o la existencia de cosas como TikTok, que deberían estar recogidas como delito en la Convención de Ginebra) por tradición cultural, esto, sencillamente, no es así, aunque, como casi todo, algo de verdad lleva.

Intento explicarme... La cultura occidental está profundamente influenciada por lo que se denomina «pensamiento judeo-platónico-cristiano»; de hecho, podríamos considerarlo nuestro ADN cultural, es decir, la esencia de nuestra forma de entender la vida y, sobre todo, al ser humano. Básicamente, Platón determinó nuestra forma de entender la vida al plantear que las personas tenemos una separación cuerpo-mente, donde el cuerpo y los sentidos son más bien reguleros y la mente es lo máximo, lo real, de aquello que te puedes fiar. El filósofo griego invitaba a desechar las emociones y a centrarnos en lo racional por ser más fiable y fidedigno.

Esta idea tuvo muchísimo éxito, fue una tendencia de verdad, así que, en cierto modo, casi todos los filósofos posteriores a Platón quedaron influenciados por esa teoría y forma de entender las cosas. Cuando se produjo la propagación del Evangelio en el Imperio romano (que había asumido las tesis platónicas), san Pedro encontró que esa separación cuerpo-mente le venía como anillo al dedo para introducir el cristianismo: solo tenía que cambiar mente por alma, mostrar a Dios como una inteligencia superior y que hay un mundo sensorial y emocional, el terrenal, que no es importante, así como poner el foco en el que hay después en otra vida, que es donde tenemos el encuentro con Dios.

La influencia del cristianismo en nuestra cultura, creo que es algo evidente, que determinó todos los aspectos de la misma, incluso aquellos que luego han sido enarbolados por los movimientos más anticristianos y de izquierdas.

Por todo esto, como cultura tendemos a considerar que las emociones son algo negativo, que «hay que pensar en frío», «no dejarse llevar por las emociones», «pararse a pensar las cosas antes de actuar» y demás expresiones. Sin embargo, y a pesar de lo arraigadas que están estas ideas entre todos nosotros, los avances en psicología básica y en neurociencias han demostrado sobradamente que las personas somos mucho más emocionales que racionales, y esto no es porque lo hagamos mal, sino porque nuestra biología funciona así.

Aunque de las neurociencias se dicen muchas cosas, gran parte de ellas basadas en medias verdades o enfocadas de manera muy reduccionista, sin tener en cuenta otras variables del ser humano como la influencia del entorno, del aprendizaje y, sobre todo, la propia voluntad que tenemos las personas, sí que se puede afirmar (más o menos) que tenemos un cerebro racional y otro emocional que están en continua interacción entre ellos; vamos, que están de charleta interpretando toda la información de lo que pasa en nuestra vida y generando respuestas para aquello que pasa. Como te he explicado antes, nuestro cerebro emocional se activa con aquello que tiene que ver con nuestra supervivencia o que se «asocia» con ello; por si acaso, tu parte más emocional tiende a activarse y responder a cualquier cosa que tenga cierto paralelismo o aspecto en común con algo que considera vital para tu supervivencia, y es que, en un tema tan delicado como este, más vale prevenir que curar…

Tu cerebro racional, en cambio, es capaz de estar todo el rato activado y responder o darle vueltas a cosas que ni siquiera tienen por qué ser reales un carajo, como, por ejemplo, los unicornios o ese peliculón que te montas todos los años cuando te dices que este sí irás al gimnasio todos los días, comerás sanísimo y ecovegano, leerás un rato, dejarás las redes sociales, meditarás, no beberás alcohol, harás cosas nuevas e irás más a la naturaleza... Todo a la vez y muy compatible con tu vida social, laboral y familiar, claro.

Por eso nuestra biología, que no es gilipollas, está diseñada de forma que, cuando el cerebro racional se activa y el emocional también, le da siempre primacía al segundo, no vaya a ser que te mueras o pierdas la oportunidad de follar (que también es importante para la supervivencia; no la tuya, pero sí la de la especie). A fin de cuentas, si tuvieses dos amigos, uno que solo te habla cuando tus necesidades más básicas están en riesgo y otro que no para de hablar todo el rato y de cualquier tema, ¿a cuál de los dos le prestarías más atención y tendrías más en cuenta?

Pues eso.

Esta es la razón de que las personas a veces sepamos que algo no es de una forma, o nos digamos mil veces que no nos viene bien reaccionar de una determinada manera, y, sin embargo, no podamos evitar sentirnos de otra y acabar funcionando desde ese sentimiento. En la pelea saber versus sentir, sentir gana siempre. Por paliza, además. De hecho, una cosa que suelo explicar en mis primeras sesiones es que la mayoría de las veces las personas no necesitan ir a terapia para saber lo que les pasa o porque no sepan lo que tienen que hacer, sino que el problema es que están atascados porque, aunque más o menos saben qué pasa y qué hacer, no pueden evitar sentirse de una manera determinada y funcionar desde ahí.

«Yo sé qué no soy malo si le digo a mi mujer que no puedo hacer todo lo que me pide, pero es que me siento muy culpable si lo hago», «Entiendo que no soy feo, no soy guapo pero tampoco feo, no es tan terrible que tenga los ojos saltones, pero es que me siento horrible y eso me hace incapaz de entrarle a una chica en un bar» y «El problema, Ventura, es que soy gilipollas, porque yo sé que no tendría que agobiarme ni tomármelo todo tan a pecho, que no me viene nada bien, pero es que lo vivo como si fuese a pasar algo terrible...» son frases que escucho habitualmente en la consulta con mis pacientes y, si te fijas, están presentes cada vez que alguien te habla de sus problemas o de aquello que le hace sufrir. Básicamente, de este conflicto entre lo que sabemos y lo que sentimos pago buena parte de mis facturas.

Si todavía no te convence, piensa, por ejemplo, en las montañas rusas. Cuando te montas en una, tu mente racional te está diciendo: «*Okay*, no tienes por qué tener miedo, esto lo han hecho unos ingenieros de Massachusetts (no sé por qué mierdas siempre son de ahí y nunca de Cuenca, por ejemplo) con un diseño excelente, tiene muchísimos controles y medidas de seguridad y, si analizas la tasa de accidentes, verás que es mucho más arriesgado montarte en el coche que en este cacharro...». Mientras tanto, tu cerebro emocional te dice: «¡¡¡Copón, esto va *mu* rápido!!!». ¿Y tú a qué parte reaccionas?

No es algo que podamos elegir, tan solo estamos diseñados biológicamente, fruto de nuestra evolución, para reaccionar de esa manera.

Aunque esto que estoy haciendo es un poco reduccionista y la realidad es más compleja (esto es un librito y, encima, bastante cutre si lo comparas con los tochos de literatura científica y académica que hay sobre el tema. Lo siento, si pretendías que por leerte esto te convalidaran Psicología, Neurología y Psiquiatría, eso no va a ocurrir), porque no solo somos evolución y biología, sino que esto interactúa con otras variables como el entorno, los aprendizajes y la educación, la capacidad de elección del ser humano y otros factores como que, al estar interconectados, el cerebro racional también tiene capacidad de influir en el cerebro emocional (aunque hay más conexiones axionales, es decir, «cables» que salen del emocional al racional, lo cual demuestra fisiológicamente cuál tiene más capacidad de intervención en el otro). La movida va más o menos tal y como te la estoy contando.

## Dolor, aceptación, respuesta y adaptación

Sin embargo, en estas respuestas emocionales, que pueden parecernos disfuncionales a día de hoy, es donde reside una de las grandes capacidades de adaptación de nuestra especie. De serie, nacemos con una respuesta ya aprendida que nos ayuda a obtener aquello que necesitamos en situaciones dolorosas, un mecanismo que se activa como un sentimiento que, si nos permitimos sentirlo y no tratamos de taparlo con distracciones, pensamiento positivo o haciendo otras cosas, nos indica qué es lo que necesitamos y nos mueve a ello, a que realicemos una acción (defendernos, llorar y pedir ayuda, reparar el daño que hemos causado...) que satisface o cubre dicha necesidad. ¿No es tranquilizador?

El tema es que, para que estas emociones se activen y nos muevan a la acción, hemos de sentir el dolor de no tener eso que necesitamos o añoramos, de que algo nos hiera... Esta y no otra es la base de la motivación. Si te defiendes del dolor, este mecanismo no se activa, pero si eres honesto con él y con humildad asumes cuándo algo te afecta y te permites sentirlo (nadie dice que busques el dolor, que te regodees en él o que sea bueno), estos procesos se activarán.

Uno de los primeros psicoterapeutas en plantear esta idea fue Carl Rogers. Él era hijo de unos granjeros de Illinois y, ayudando a sus padres a almacenar la cosecha, observó algo que dio lugar a este fascinante descubrimiento: las patatas se guardaban en un tosco granero construido directamente sobre la tierra, sin suelo y con un ventanal en el techo por el que entraban la luz y el aire. El joven Rogers contempló cómo, apenas transcurridas unas horas, de las patatas emergían dos raíces, una que se dirigía hacia el suelo, buscando la tierra para obtener el agua y las sales necesarias para nutrirse, y otra hacia el techo, para obtener la luz con la que realizar la fotosíntesis.

Esta observación impactó enormemente a Rogers, y puede parecer una chorrada, pero piensa que, aun siendo la patata una forma de vida increíblemente primitiva, es capaz de reaccionar en apenas unas horas a una situación adversa de forma adaptativa, está programada para responder a un momento de peligro para su vida de forma instintiva, ya que una patata no puede aprender.

¿Cómo puede ser que una forma de vida tan básica sea capaz de adaptarse a una situación tan adversa y poner en marcha una respuesta útil y eficaz? Si las patatas pueden hacerlo, ¿por qué con frecuencia las personas no son capaces?

A Roger le salía puto humo por las orejas, fascinado por cómo la biología está programada para abrirse paso y saber reaccionar, por tener mecanismos eficaces que mueven a acciones que cubren de manera satisfactoria sus necesidades vitales. La diferencia entre las personas y las patatas es que estas tienen una enorme capacidad de aceptación de aquello que les ocurre. Si nosotros hubiésemos sido patatas, al observar el granero lo veríamos lleno de gente, unos diciendo: «La culpa es del sistema opresor-recolector, que nos siembra para recogernos en vez de dejarnos libres»; otros comentando: «Nos han arrancado de la tierra, con lo felices que estábamos ahí con nuestra agua, nuestro riego y de todo»; muchos exclamando: «¡Vamos a morir, vamos a morir», y finalmente habría algunos señalando: «Bueno, si te fijas bien, no es tan grave, céntrate en lo positivo, estamos en un granero todos juntos y vamos a tomarlo como una oportunidad para crecer, para salir de nuestra zona de confort de estar plantadas». Ese, aparte de haber leído mucha mierda, es gilipollas.

Si analizas las respuestas anteriores, todas tienen un componente común: la no aceptación de la realidad a la que se están enfrentando. Para protegerse de esa realidad, se centran en otros aspectos de la experiencia, como si es justo o no, como lo feliz que era el pasado, como lo que ocurrirá o la automanipulación. Con todo ello, tratan de protegerse del dolor, que no suena mal, pero que les impide aceptar la realidad que están viviendo y, como hemos visto antes, poder entenderla y, a partir de ahí, reaccionar. «Vale, estamos jodidos, nos han sacado de nuestro huerto y es normal que eso nos enfade, nos ponga tristes o nos dé miedo, pero esta es nuestra realidad ahora. Estoy acojonado porque no es una realidad bonita, ¿pero qué necesitamos? Luz y agua. ¿Cómo es este granero? Pues, mira, entra luz por el tragaluz del techo, y el suelo parece de tierra. Realmente necesito luz y agua y no me tengo por qué avergonzar de ello, es normal que ahora mismo esté acojonado por no tenerlo, pero lo único que puedo hacer es ser honesto con estos sentimientos que me dicen lo que necesito (la tristeza, lo importante que eran la luz y el agua para mí y la rabia que me indica que debo reaccionar y luchar) y esta realidad que estoy viviendo aquí y ahora e intentar sacar dos raíces, una hacia la luz y otra hacia la tierra, así que voy a elegir intentar hacer eso». Esa sería la reacción del tío que, en un momento de su vida, fue valiente, honesto consigo mismo, y decidió amarse e ir a terapia y, si le tocó un psicólogo decente (algo complicado en España), aprendió a reaccionar.

Es la angustia la que le mueve al cambio. Es asumir sus necesidades y su temor por no tenerlas cubiertas las que le permiten crecer y sacar raíces, que es la acción que satisfará sus necesidades.

Pero esta capacidad de adaptación y de cómo la presencia del dolor o la ausencia de cosas que necesitamos nos mueve al cambio no es algo exclusivamente planteado por las psicoterapias humanistas. Otras corrientes, como la psicología conductista, han podido observar en sus experimentos que, ante estos estímulos aversivos, los animales y las personas son capaces de desarrollar aprendizajes que les permiten emitir conductas que les ayudan a reaccionar a situaciones negativas. Skinner (uno de los psicólogos jefazos del conductismo) lo gozó muchísimo en sus experimentos de condicionamiento operante, en los que veía cómo animales aprendían a solucionar complejos mecanismos para satisfacer sus necesidades no cubiertas o protegerse del dolor[1]. Las personas también reaccionamos de una forma parecida, en el sentido de que tenemos una capacidad de adaptación a las situaciones adversas que nos permiten desarrollar nuevos aprendizajes para poder protegernos y sobrevivir. La clave es hacer como las patatas de Rogers o las ratas y palomas de Skinner y aceptar la cruda realidad para poder reaccionar a ella, no manipularla con sesgos mentales positivistas para protegernos o evadirnos con buenos hábitos.

Tal es la capacidad de adaptación del ser humano que a veces puede ser hasta un arma de doble filo. Recuerdo que, leyendo ese libraco que es *El hombre en busca de sentido*, de Viktor Frankl (eso sí que es un libro de autoayuda, aunque, claro, no es supermegaguay), donde explica cómo en su estancia como prisionero judío de un campo de concentración nazi observó que las personas podían adaptarse y sobrevivir a cualquier situación, por adversa que fuera, si eran capaces de darle un sentido al dolor, sentido que era

---

[1] McLeod, S. A. (2007). *Bf Skinner – Operant Conditioning. Retrieved September*, 9 (2009), 115-144.

único y elegido por cada persona de forma independiente, pensé en lo mucho que las personas podían adaptarse a cualquier cosa. Creo que eso es algo tranquilizador, pues muchas veces nos torturamos pensando en todos los sucesos horribles que podrían pasar, cuando, por feo que fuera un escenario, sabríamos adaptarnos y reaccionar; pero también es este un mecanismo peligroso, porque explica en parte por qué muchas personas se adaptan y aprenden a convivir de forma resignada con realidades terribles como un trabajo gris que las amarga o una pareja que las maltrata: normalmente, dicha adaptación se da porque, por miedo, no se acepta el dolor que eso provoca.

¿Por qué entonces hay personas en una situación dolorosa (como una depresión o viviendo amargadas por una familia que no las trata bien, puteadas en un trabajo, sobreexigidas o tratadas con poco respeto...) a las que ese dolor no las «mueve al cambio»? Porque se trata de un dolor pasivo y cronificado, no agudo. El dolor agudo, al que hago referencia en todas estas explicaciones y que promueve una respuesta en nuestra biología en forma de proceso emocional, se caracteriza porque ocurre en un determinado momento, con una intensidad suficiente como para que tengamos una consciencia del mismo y que el malestar que genere active dicha respuesta. Es un dolor del que nos damos cuenta, teniendo muy claro para nosotros que no es lo que queremos y por eso moviliza al cambio.

El dolor pasivo es aquel que la persona padece pero reacciona ante el mismo evitándolo, pues tiene una intensidad suficiente como para poder ser ignorado o tapado. Las personas, como he señalado anteriormente, con frecuencia se manipulan para no tener que asumir que una realidad les viene mal y tener que enfrentarla (el miedo a la culpa a la hora de parar a unos padres, que me pueda dejar mi pareja si le expreso mi malestar o si le digo lo que necesito, o que mis seres queridos me ignoren son solo ejemplos que tuve ayer en mi consulta de Marbella). De esta forma, el dolor se convierte en pasivo, en algo que es como la lluvia fina, que no notas especialmente ni es muy doliente pero que, cuando te quieres dar cuenta, te ha calado hasta los huesos y estás chorreando. Al final, la capacidad de adaptación del ser humano hace que «aprendamos a convivir» con ese dolor, que normalmente negamos diciendo que no nos afecta, que pasamos, que estamos acostumbrados, que no es para tanto, que nos afectó en el pasado pero no en el momento presente... De ahí que no nos movilice al cambio y presentemos poca motivación para el mismo. El dolor aceptado y sentido provoca una respuesta emocional que mueve al cambio.

La frase no quedaría muy bien en una serigrafía preciosa y redondita, con dibujitos cuquis a los lados y tonos pastel. No le pega un arcoíris detrás o un solecito sonriente apareciendo. Pero es una puta verdad y creo que hay esperanza y confianza en ti como persona detrás de ella. Así que tatúatela para recordarla. No necesitas estar bien, necesitas ser honesto con lo que te pasa, necesitas permitirte sentir tus emociones que te indican aquello que necesitas y qué te duele, y después olvídate de lo que está bien o mal, sé honesto contigo mismo y decide, desde tus valores e ideas, qué coño vas a hacer para responsabilizarte de aquello que necesitas; y entiende que, como todo, habrá un precio que tendrás que pagar por ello y que no te hará gracia cuando te pasen la factura, pero no vale instalarse en la queja.

Nuestro miedo al dolor, nuestra tendencia a ponerle a todo lo que sea desagradable la etiqueta de «negativo», tratando de evitar activamente experimentarlo (ya sea tapándolo o reprimiéndolo) o el interés por patologizar y llamar síntoma a procesos normales como las emociones desagradables o respuestas corporales como el dolor físico, es lo te para mantener los lazos interpersonales que necesitamos los humanos. Crea un estado que focaliza la atención en aquello que hemos hecho mal y nos crea una sensación desagradable al respecto o nos ayuda a empatizar con el dolor del otro, de forma que eso nos incita a tratar de arreglar las cosas o pedir disculpas.

- *Ansiedad/miedo*: se pone en marcha cuando nos sentimos amenazados por algún peligro, real o que consideramos posible. Crea un estado de agitación corporal y mental que busca favorecer las reacciones de huida y la búsqueda de soluciones. (Sin embargo, puede ser bloqueante mantenida en el tiempo por largos periodos o a niveles muy intensos).
- *Asco*: sirve para evitar o rechazar algo que es dañino, intentando «sacar fuera» de nuestra vida o nuestro cuerpo algo que no nos viene bien. (Así, sentimos asco y vomitamos comida en mal estado o sentimos asco e «intentamos sacar fuera» de la sociedad la pederastia).
- *Vergüenza*: trata de evitar que seamos vistos (evitando hablar, no queriendo ocupar un lugar principal...) o que no nos ajustemos a lo que quiere el otro, haciendo que «nos amoldemos» a él (diciendo lo que quiere oír, no siendo nosotros mismos...) para intentar protegernos del rechazo. Realmente es la emoción en torno a la que existen más incógnitas sobre si realmente es adaptativa o no, e incluso si es una emoción como tal o es un tipo de subemoción o reacción a otras emociones.

Quizás tengas la sensación de que faltan algunas otras como la decepción, el pánico o la indignación, pero no son sino tipos de alguna de estas emociones «principales», la tristeza, el miedo o la rabia en estos ejemplos concretos. Esto es así porque cada cultura decide ponerle un nombre particular a la expresión concreta de una emoción en base a unas determinadas características (por ejemplo, la melancolía sería una tristeza de intensidad ligera que se mantiene a lo largo del tiempo como resultado de echar algo de menos), pero en términos de proceso psicológico son lo mismo.

El español es una lengua especialmente rica en matices, muy concreta a la hora de describir las cosas y con una tendencia a crear palabras específicas para cada una (solamente tienes que ver que tradiciones como los toros, el flamenco y la paella tengan mogollón de terminología propia. Y, sí, soy consciente de que he puesto el *pack* estereotipado guirufo de paella-flamenco-toros), de ahí que podamos subclasificar estas emociones en muchos tipos diferentes para lograr describir mejor cómo las vivimos o qué las provoca, algo que facilita enormemente la comunicación a la hora de comprender y expresar cómo nos sentimos nosotros mismos u otros y, por tanto, facilita la empatía.

Esta sería la explicación «básica» de las emociones y su funcionamiento (en este caso, las desagradables) y, como puedes ver, todas intentan ser útiles y cubrir una función, de tal forma que, una vez realizado su papel, deberían desaparecer o tener la sensación de haber sido «satisfechas». Sin embargo, cuando esto ocurre, en la vida real aparecen muchas variables que pueden influir en este proceso, como la honestidad con la que las expresamos (les quitamos hierro, no las manifestamos claramente...); que puedan realizar solo una parte del mismo (enfadarnos y maldecir, pero luego no hacer nada más allá de eso. Mucho ladrar, aunque poco morder, vamos), que sean emociones excesivamente reactivas y que se den con mucha intensidad o de forma desproporcionada (ocurre mucho, por ejemplo, con la vergüenza, la ansiedad o la culpa), que vivamos todo desde ese registro emocional concreto, alteraciones biológicas o ambientales que influyen en nuestros estados emocionales (hormonales, alimentación, contaminación, consumo de medicamentos...); conflictos entre emociones diferentes que sentimos ante el mismo hecho (rabia y pena por tener una madre que nos trata mal o asco y culpa por satisfacer una petición sexual que no nos agrada plenamente), que a veces hacen que expresemos una de ellas pero no otra o que nos bloqueemos.

Como ves, existe una gran cantidad de opciones incluso en algo tan básico como cuántas emociones desagradables existen y sus funciones, de ahí que mi trabajo sea un ámbito apasionante aunque difícil de explicar en formatos divulgativos y sencillos sin caer en los reduccionismos, juzgar a las personas o presentar clichés fáciles pero inefectivos del pensamiento positivista y la autoayuda. A eso hay que añadir la complejidad de que lo importante de estos procesos emocionales para saber gestionarlos en tu vida diaria no es tanto entenderlos a un nivel intelectual, sino a uno experiencial, sentido. Básicamente, es como querer leer un libro sobre sexo que te explique todas las posibilidades, cómo lo viven todas las personas, que pueda definir todos los matices que influyen en una experiencia (morbos, situaciones, anatomía, modas...) y, sobre todo, es la estupidez de creer que sabes qué implica follar por leerte un libro sobre ello, ya que qué es realmente follar, cómo soy yo follando o qué me satisface y qué no son aspectos que solo se conocen viviéndonos en ellos, es decir, follando, y además resulta algo cambiante en función de la persona con quien lo vivamos o del momento de nuestra vida que estemos pasando.

## Emociones adaptativas y desadaptativas

Leslie Greenberg es otro de esos fulanos que me fascina (aunque, como soy un «porculero» y me encanta ir de listillo, también le pongo alguna pega). Se trata de un ingeniero que se metió a psicólogo a raíz de varias experiencias que le hicieron ver que las personas tenemos cierta intuición a la hora de saber cómo debemos responder a determinadas situaciones. Lo que popularmente llamamos «corazonadas», «intuición» o simplemente «eso que nos dicen las tripas» suele ser información procesada a través de ese cerebro emocional, de ese aprendizaje innato que nos ayuda a responder a las situaciones de forma adaptativa y que es el *feedback* de nuestro cuerpo (si nos sentimos bien o mal después de expresar o actuar esas emociones), el que nos indica qué necesitamos realmente.

El caso es que este psicólogo ha creado un modelo de psicoterapia humanista con evidencia empírica demostrada y avalada por la APA (ya te hablé antes de esta FIFA de la psicología), algo nada sencillo cuando se tratan de estudiar procesos no observables a simple vista como son las emociones. Supongo que lo de ser ingeniero, alguien metódico, le ayudó bastante.

Su modelo de psicoterapia, la terapia focalizada en la emoción, postula, en la línea de lo que ya apuntaban otros modelos previos como la Gestalt o la terapia centrada en el cliente, que las personas necesitan ser honestas con sus emociones, exponiéndose a ellas para entenderlas y que les muevan a una acción adaptativa. Una vez cubierta esa necesidad, la emoción no tiene sentido que siga estando ahí, así que desaparece, de forma que la persona vuelve a un estado de paz[2].

Estas emociones que ayudan a cubrir una necesidad son las que Greenberg denomina «emociones primarias adaptativas». Se llaman así porque son una respuesta a algo que ocurre y nos hace daño/nos falta, y porque son útiles. Entrarían en esta denominación los ejemplos de pacientes que te

---

[2] Greenberg, L. (2006). «Emotion-focused therapy: A synopsis». *Journal of Contemporary Psychotherapy*, 36(2), 87-93.

he contado hace solo unas páginas atrás sobre la tristeza, la culpa o la rabia y otros que no abordo aquí porque son agradables, como la excitación sexual, el amor o la alegría. Como todo proceso adaptativo, esa emoción desaparece cuando deja de ser necesaria, de forma que la persona pueda responder a otra de las mil cosas que ocurren en su vida.

¿Por qué entonces, en cambio, hay personas que están todo el rato tristes, asustadas o enfadadas si se supone que la emoción una vez cubierta la necesidad no es útil? Se trata de lo que se denominan «emociones secundarias desadaptativas». Básicamente, son una reacción a la emoción primaria adaptativa, es decir, ocurre algo que nos duele a lo que reaccionamos con una emoción y, a su vez, reaccionamos a esta emoción con otra emoción (de ahí que a una se la llame primaria y a otra, secundaria). Además, las primarias son útiles, forman parte de ese conocimiento innato que nos ayuda a responder a lo que nos pasa, mientras que las secundarias no lo son, ya que nos impiden poner en marcha la acción a la que nos invita la primaria; por ejemplo, cuando no estamos felices en una relación de pareja y eso nos pone tristes, pero a su vez esa tristeza nos da miedo y reaccionamos con ansiedad, lo que nos impide llorar y entrar en ese estado de tristeza que necesitamos para poder tener el coraje de ponerle fin a una relación insatisfactoria o contarle a nuestra pareja cómo nos estamos sintiendo y qué necesitamos. Generamos así una ansiedad que simplemente nos bloquea y nos impide estar tristes, que es lo que sí necesitamos porque nos movería a una acción útil.

Como sé que todo esto es un poco lioso, o al menos yo meé vinagre hasta que logré interiorizarlo, te lo trataré de explicar con algunos casos de pacientes, ya que en lo concreto estas cosas son más fáciles de entender.

Recuerdo a mi paciente Sara, que acude a terapia para controlar sus problemas de ansiedad y de mal carácter. Era la típica persona que responde de forma muy brusca y agresiva. Una mujer muy fuerte y con lo que normalmente se llama «mucha personalidad», sin pelos en la lengua y con un par de buenos cojones. Conforme fuimos avanzando en la terapia y ella empezó a ser consciente de sus sentimientos, se dio cuenta de que, en realidad, lo que le pasaba era que estaba profundamente triste, ya que se sentía poco atendida y desvalorizada en sus relaciones familiares, de pareja y amistades. Sin embargo, en vez de actuar* esta tristeza (que sería la emoción primaria adaptativa, porque la movía a una acción como llorar y pedir ayuda a sus seres queridos y así mostrarles su dolor y poder demandarles la atención, el apoyo y el cariño que no le daban), ella se enfadaba terriblemente, ya que no le gustaba estar triste ni que la viesen así (odiaba sentirse débil, pesimista o victimista), lo que hacía que tuviese esas reacciones airadas y bruscas (el enfado sería, por tanto, la emoción secundaria desadaptativa). Como al enfadarse no obtenía lo que necesitaba realmente, que era mostrar su dolor y pedir apoyo y comprensión, continuaba estando triste, por lo que se seguía enfadando en un círculo vicioso interminable. Además, el hecho de estar enfadada continuamente no ayudaba a que sus seres queridos fuesen cercanos y cariñosos con ella, precisamente lo que necesitaba y lo que hubiese conseguido si, en vez de tener pánico a ser pesimista, hubiese sido honesta y hubiese mostrado su tristeza.

Gracias a Dios, esta vez (siento decirte que yo no soy un supergurú infalible de Internet y de los libros de autoayuda) pude ayudarla y la terapia fue un éxito. Conforme ella se dio cuenta de su tristeza y pudo expresarla y actuarla en terapia, exponiéndose a ella en vez de tratar de taparla o

* En psicoterapia «actuar» una emoción consiste en permitirnos hacer todo lo que implica, en este caso llorar, quedarse en la cama sin hacer nada, etc.

huir, llorando y hablando de su sentimiento de soledad, observando cómo se enfadaba con ella misma o con otros cada vez que estaba triste o que centrarse en lo bueno de su vida o saber que «en el fondo la querían y los tenía ahí» no hacía que no le doliera ese no sentirse atendida por sus seres queridos, hizo que fuese sintiéndose más calmada. El siguiente paso fue permitirse sentir y mostrar esa tristeza solo en terapia para poder hacerlo en su vida real. Al hacerlo, algunas personas reaccionaron como ella necesitaba y cubrió esa necesidad de apoyo humano. Después, al ya no necesitar nada, la tristeza dejó de ser útil, así que no requería seguir estando ahí y desapareció.

Una historia similar, pero con otra emoción, fue la que vivió Juan, un chico a quien atendí en mi época de psicólogo voluntario en Madrid, en la Asociación Amigos del Pueblo Latinoamericano, una ONG que dirige sor Isabel y donde realiza una acción brutal. Se trataba de un inmigrante latino que había venido a España harto de las dificultades que había en su país de origen, lo cual le hacía sentirse enormemente triste y desdichado, así que emigró a nuestra nación para poder tener opciones reales de cambiar su vida. Tras la euforia de los primeros meses en España, también volvió a sentirse desdichado y a perder el interés por esforzarse realmente, manteniéndose en un trabajo mal pagado en hostelería y con un jefe bastante cabrón, ya que aseguraba que «su condición de inmigrante y el racismo» que había en nuestro país hacían que no mereciese la pena esforzarse, pues aseguraba que en cualquier otro trabajo encontraría más de lo mismo.

Tanto antes como ahora estaba realmente triste, se sentía un inútil incapaz de enfrentarse a las situaciones que estaba viviendo y, encima, ahora en España echaba enormemente de menos su país de origen y a su familia.

Independientemente de la parte de verdad que había en su historia (en esta historia había mucho de verdad, y además, siempre la hay, incluso en los pacientes más desconectados de la realidad, por ejemplo, un esquizofrénico), esa tristeza y sensación de incapacidad eran realmente desadaptativas. Parecía que Juan había decidido instalarse en su tristeza y que, de alguna manera, chapotear en su propia mierda con una actitud autocomplaciente era su forma de no enfrentarse a lo que le ocurría en la vida. En la terapia empezaron a aparecer sentimientos de enfado muy profundos hacia su encargado actual o hacia su padre, que le reclamaba parte de su salario para ayudarlo en su país de origen, aunque él sospechaba que se lo gastaba en apuestas y alcohol. Sin embargo, este enfado le ponía profundamente triste, en parte porque evidenciaba cosas que eran dolorosas para él (como que su padre, en el fondo, no lo quería y solo se aprovechaba), lo que le daba mucha pena y, sobre todo, porque estar deprimido y amargado, con esa actitud derrotista y de no acción que a veces viene asociada a la tristeza, era una buena manera de no tener que asumir la responsabilidad de empezar a plantar cara con quienes le trataban mal y ponerles límites. La tristeza, por tanto, era una emoción secundaria desadaptativa con la que reaccionaba a la emoción primaria adaptativa de rabia. Solo cuando comenzó a ser honesto con su enfado y a poder poner límites siendo más asertivo, asumiendo la responsabilidad de su bienestar y de lo que le ocurría en la vida, fue capaz de recuperar la calma y ya entonces no necesitaba estar enfadado ni triste. ¿Qué hubiera pasado si se le hubiese llamado pesimista? ¿Si se le hubiese enseñado a ver «lo que sí funcionaba en su vida» o, a través de la meditación y la contemplación, a distanciarse de sí mismo y de su dolor por ser utilizado y maltratado? Pues que quizás hubiese sentido algo menos de angustia, pero en el fondo todo seguiría igual, sobreprotegiéndose por el miedo a la rabia y al conflicto y tratándose a sí mismo como a un ser débil e inútil, incapaz de plantar cara cuando alguien le está pisando el cuello.

Solo cuando somos honestos con nuestras emociones, incluidas aquellas que nos hacen sentir mal, podemos entenderlas al exponernos a ellas y sentirlas, y entonces nos motivan para realizar una acción que nos permite cubrir esa necesidad. No podemos elegir cómo nos sentimos ni qué cosas nos afectan, pero sí podemos ser congruentes con nuestras emociones y expresarlas de una forma coherente con nuestra manera de ser y de entender la vida. Lógicamente, tendrá un precio (en el caso de Sara, mostrar su dolor y debilidad; y en el de Juan, el mal rato de enfrentarse al jefe o el conflicto de tener que decirle aprovechado a su padre) y unos beneficios, y debemos ser honestos con qué nos merece la pena a cada uno de nosotros.

Disfrazar la realidad, creer que simplemente viéndolas de otra forma las cosas cambiarán o atraeremos algo más positivo, tomar distancia de manera contemplativa y abandonarnos a lo que nos pasa como si fuésemos incapaces de reaccionar y confrontar el dolor o tapar unas emociones con otras porque nos gusten menos no solucionarán el problema, nos mantendremos «enganchados» en emociones secundarias desadaptativas y eso no parará, porque tu biología está diseñada para que hasta que cubras tu necesidad y elijas qué hacer respecto a ella siempre esté ahí, generándote malestar para informarte y moverte al cambio.

## Exposición a emociones desagradables

De la misma forma que anteriormente te he comentado que evitar las emociones desagradables es algo bastante negativo, pues produce que estas aparezcan de forma más intensa o se conviertan en otro tipo de síntomas como la ansiedad desmedida e incontrolable, o cómo puede llevarnos a quedarnos enganchados en emociones secundarias desadaptativas, te voy a contar lo que pasa cuando haces todo lo contrario, es decir, cuando te permites sentirlas y aceptas que, tal y como dice Greenberg, «la única manera de dejar algo atrás es atravesarlo».

Con respecto a la finalidad de aquellas y la gestión emocional, existen diferentes teorías en psicología, pues mi gremio tiene multitud de «corrientes» o «paradigmas» que ofrecen perspectivas y técnicas diferentes sobre cómo ayudar a cambiar a las personas. Sin embargo, hay una cosa en la que casi todas están de acuerdo, o al menos los cuatro grandes modelos que abarcan prácticamente todas las terapias (psicoanálisis, humanistas, conductistas/cognitivo-conductuales y sistémica): el hecho de que no reprimirlas, sino expresarlas libremente, reconocer lo que nos están afectando, entenderlas y permitirse sentirlas es un paso necesario para poder alcanzar el bienestar y la paz mental[3].

Una buena metáfora para explicar cómo hemos de exponernos a emociones que son desagradables pero necesarias, normales e inevitables es la que emplean los psicólogos especializados en terapia de aceptación y compromiso (creo que el nombre ya te deja bastante claro que el tema va de aceptar el dolor y las emociones, así como de comprometerte con tu determinación ante ello), llamada «los demonios en el barco». Con frecuencia se la cuento a mis

---

[3] Shedler, J. (2010). «The efficacy of psychodynamic psychotherapy». *American Psychologist*, vol. 65, 2, 98-109. Laso Ortiz, E. L. (2015). «Cinco axiomas de la emoción humana: Una clave emocional para la terapia familiar». *Revista de psicoterapia*, 26(100), 147-162. Hervás, G. (2011). «Psicopatología de la regulación emocional: El papel de los déficit emocionales en los trastornos clínicos». *Psicología conductual*, 19(2), 347. Rogers, C. R. (1940). «The processes of therapy». *Journal of Consulting Psychology*, 4(5), 161.

pacientes en consulta porque recoge de forma sencilla esta idea. Pues bien, es la siguiente:

Un marinero cuyo barco naufragó se encontraba agarrado a un tablón de la que había sido su embarcación en mitad de altamar. Estaba cansado, exhausto y muerto de frío y miedo tras una noche a la deriva en aquella tabla. Divisó a lo lejos un barco parado. Entusiasmado, gritó y le hizo señas para que fuese a auxiliarlo, pero al no obtener respuesta, decidió acercarse a nado hasta poder trepar a la cubierta.

Cuando subió a ella, observó que no había tripulantes en aquel barco y que se encontraba en un estado de abandono. Era un navío fantasma como el de las leyendas, de esas que los marinos se cuentan entre susurros.

Como él era marino, decidió coger el timón de dicho barco, pero, al hacerlo, de la bodega del mismo comenzaron a salir demonios y fantasmas. Muerto de miedo, el marinero soltó el timón, provocando que aquellos seres terribles volvieran a la bodega.

El barco entonces siguió navegando a la deriva. El marinero volvió a armarse de valor para agarrar el timón y poder dirigirlo hacia puerto, pero los viles habitantes de la bodega volvieron a salir, aullando de forma terrible y arañándose sus caras. Sin embargo, no podían tocarle, pues eran espectros incorpóreos. El espectáculo era terrible, capaz de hacer temblar al hombre más bravo y valiente, por lo que al marino le volvió a poder la terrible ansiedad y soltó el timón de la embarcación fantasma.

Tras mucho reflexionar y debatirse entre su deseo profundo de no querer enfrentarse a ello pero necesitar llegar a puerto, entendió que él tenía la capacidad y los conocimientos para dirigir la embarcación a tierra, al lugar donde podría obtener lo que necesitaba y quería, pero que el precio que debía pagar para hacerlo no era otro que realizar la travesía con sus demonios y fantasmas. Reunió coraje y empuñó el timón, tras unos duros días de viaje en los que incluso llegó a acostumbrarse a esos seres malévolos y descubrió que, aunque era normal pasarlo mal, no le impedían navegar, fue capaz de llegar a buen puerto.

Es importante señalar que la exposición no es algo meramente intelectual, no vale con saber que estamos tristes o enfadados, o entender los «motivos» que tenemos para ello a un nivel racional, sino que, para poder integrarlo y entenderlo de verdad, el proceso de sentirlo es la clave. Solo experienciándolo, aceptándolo por doloroso que sea, seremos capaces de exponernos realmente a ello.

Múltiples investigaciones demuestran que la exposición a las emociones reduce su intensidad[4], que conforme las sentimos, podríamos decir que las estamos gastando (siempre que no sean emociones secundarias). Sobre esto, algunos investigadores consideran que eso es fruto de que el cuerpo se habitúa a ellas y ya no reacciona tanto; es decir, que se acostumbra a sentirlas y ya no nos generan malestar, mientras que otros (entre los que me incluyo) sostenemos que no es algo fruto de la mera habituación, sino que, además, el hecho de exponernos a ellas y sentirlas nos ayuda a entender la información que nos dan sobre lo que estamos viviendo, qué necesitamos en ese momento, y nos moviliza al cambio para satisfacerlas[5].

Sea como fuera, el acuerdo reside en el hecho de que es bueno permitirnos sentirlas sin reprimirlas y que solo haciendo esto podrán reducir su malestar poco a poco, hasta que finalmente desaparezcan o queden reducidas a una mínima expresión que sí es manejable.

---

[4] Blackledge, J. T. y Hayes, S. C. (2001). «Emotion regulation in acceptance and commitment therapy». *Journal of Clinical Psychology*, 57(2), 243-255. Codispoti, M., Mazzetti, M. y Bradle, M. M. (2009). «Unmasking emotion: Exposure duration and emotional engagement». *Psychophysiology*, 46(4), 731-738.

[5] Perls, F. S., Hefferline, R. F. y Goodman, P. (2006). *Terapia Gestalt: Excitación y crecimiento de la personalidad humana*. Sociedad de Cultura Valle-Inclán.

A mis pacientes les suelo explicar que su cuerpo genera dos litros de lágrimas cuando están tristes. Tener esos dos litros en su interior, oprimiéndolos y dándoles un sobrepeso, hace que sea difícil disfrutar con las cosas de la vida o tener energías y fuerzas para poder hacer actividades; sin embargo, hay una forma de sacar esas lágrimas de su cuerpo, y es llorando, pero ello solo es posible si son capaces de entregarse a sus sentimientos de tristeza. Cada vez que están tristes y se conmueven por su dolor y lloran, sacan unos cuantos mililitros de lágrimas, de forma que cada vez se van sintiendo más ligeros y resulta más fácil vivir, están un paso más cerca de poder cerrar su tristeza.

Por paradójico que sea, la mejor forma de dejar de estar triste es permitirnos estar tristes (siempre que sea una emoción primaria adaptativa). Esto es aplicable a cualquier proceso emocional, ya sea ansiedad, rabia, alegría o cualquier otro, si bien es cierto que muchas veces no vale la mera exposición (que siempre ayuda y la hace más manejable), sino que también es necesario cubrir la necesidad no cubierta que provoca dicha emoción. No obstante, experienciar y exponernos a ese proceso es un paso inevitable para estar bien.

Por sorprendente que parezca, esto ocurre hasta con el dolor físico. Seguro que te suena el famoso *mindfulness*. Pues bien, aunque actualmente se está empleando de forma masiva por su buena relación coste-beneficio (sesiones grupales y que sean talleres de una duración limitada lo hacen muy atractivo, en especial para las compañías de seguros norteamericanas) en tratamientos de ansiedad y depresión o que se está intentando inculcar como hábito de vida saludable (que lo es enormemente) en las personas. Fue inicialmente una terapia para el tratamiento de pacientes con dolor crónico, desarrollada por Jon Kabat-Zinn, quien observó que el exponerse a la sensación de dolor físico a través de la meditación no solo los ayudaba a sobrellevarlo, sino que disminuía la propia sensación de dolor de manera más eficaz que los analgésicos[6]. Muchas veces el malestar no nos lo genera la emoción desagradable en sí misma, sino que el hecho de considerarla algo negativo o que nos de miedo hace que reaccionemos a ella de forma inadecuada. Como te he explicado con las emociones secundarias desadaptativas, estas generan malestar y no logran cubrir ninguna necesidad, por lo que se perpetúan y podemos estar toda la vida sintiéndonos así. Pero la reacción a las emociones primarias puede no solo ser emocional, sino también una actitud de no querer sentirlas, conductas de huida a cualquier precio, estando dispuestos a taparlas con lo que sea (alcohol, drogas, sexo, redes sociales, comida, delgadez...), o pensamientos negativos hacia las mismas o hacia nosotros mismos por sentirlas, como que somos «negativos», «tóxicos», «desagradecidos» o «exagerados». Todas estas reacciones a un proceso normal, biológico, sano y adaptativo como son las emociones desagradables genera, la mayoría de las veces, más malestar o efectos negativos por sus consecuencias (sobre todo cuando las tapamos con conductas impulsivas) de los que generaría la emoción en sí misma. Se aplicaría aquí el refrán de que el remedio es peor que la enfermedad, solo que en este caso no es enfermedad, sino un proceso útil y sanador, aunque terriblemente doloroso.

También considero que la exposición ayuda no solo porque reduce la intensidad de esa emoción, sino por el hecho de que también aprendemos a manejarla mejor. Como con todo, las cosas se aprenden a base de práctica, y siempre nos resulta menos difícil o amenazante enfrentarnos a algo que sabemos manejar. Por tanto, la única forma

---

[6] Kabat-Zinn, J., Lipworth, L. y Burney, R. (1985). «The clinical use of mindfulness meditation for the self-regulation of chronic pain». *Journal of Behavioral Medicine*, 8(2), 163-190.

de aprender a manejar estados emocionales adversos es permitirnos sentirlos, de forma que interioricemos cómo estar tristes, enfadados, culposos o asustados, y entonces nuestras emociones dejarán de darnos tanto miedo y, sobre todo, reaccionaremos menos a ellas. Así, habrá menor sensación de malestar, por lo que será más fácil estar dispuestos a escucharlas y permitirnos sentirlas, lo que las hará más manejables, seremos menos reactivos y entraremos en lo que en psicoterapia sistémica se llama un círculo virtuoso (que es, básicamente, lo contrario de un círculo vicioso). Como en todo, la sensación de competencia, de saber manejarlo, hace que algo siempre dé menos miedo.

Observarás que el pensamiento positivo fomenta enormemente estas reacciones negativas a los sentimientos desagradables, haciendo que las personas se culpabilicen por ello o traten de estar bien a toda costa, ya sea manipulándose para no atender el dolor y ver la parte amable de las cosas creando cortinas de humo y fomentando la deshonestidad de la persona consigo misma, fomentando la represión emocional, o bien las conductas de evitación, como los hábitos saludables (deporte, relajación, meditación...), que pueden ser muy dañinas si las utilizamos para tapar emociones que nos asustan. Como sucede con casi todo, las cosas no son buenas o malas, sino que depende de cómo las utilicemos. Transmiten la idea de que estar mal es absolutamente terrible, lo cual solo hace que, cuando nos sentimos así, lo vivamos como un puto drama. No pasa nada por estar unos días de bajón, por enfadarte un día y perder un poco los papeles (creo que la «mandaatomarporculoterapia» sería una gran solución a muchos problemas, especialmente respecto a las personas que nos exigen y nos transmiten que no somos suficientemente buenos), pero esta mierda de filosofía de tres al cuarto nos lo presenta como algo dantesco, horrible y un fracaso personal, fruto de que algo no estamos haciendo bien, y, claro, a nadie le gusta sentirse ineficaz o considerar que está sintiendo algo que es, o sea, *bad vibes*, tóxico a morir, lo peor.

Tenemos una sociedad excesivamente hedonista, donde parece que sentir placer es lo único bueno y no hacerlo resulta un dramita; en la que todo debe ser inmediato, rápido, políticamente correcto y estéticamente ideal, como si la vida también se rigiese por la lógica de un consumismo que está creando a personas vacías, con una vida mucho más fácil y cómoda que la de nuestros antepasados pero con unos niveles de depresión y ansiedad por las nubes[7].

Posiblemente, este positivismo forzado y falso es una evidencia de nuestra profunda intolerancia a la frustración. Anteriormente, la vida era algo donde la frustración resultaba casi una constante, un telón de fondo que, en mayor o menor grado, siempre estaba ahí. Los medios materiales eran mucho más escasos, la atención familiar estaba mucho más dividida porque se tenían muchos hijos y la tecnología no lo hacía todo tan fácil. Algo tan sencillo y cotidiano como calentar la leche para un café era un proceso que requería paciencia: encender el fogón, sacar el cazo, calentar la leche y, finalmente, verterla en la taza con mucho cuidado para no derramarla puede parecer una chorrada, pero aprendías a esperar, a aburrirte, a que las cosas tienen unos tiempos y un esfuerzo. Hoy en día, cuando pongo un café con leche en el microondas para calentarlo, me cuesta esperar el minuto que tarda y acabo girando la rueda del temporizador para sacarlo un poco antes.

Hemos pasado de una cultura en la que solo había disciplina, incomodidad, excesivo sentido de la culpa y prima-

---

[7] Pedro-Cuesta, J. D., Noguer, I., García López, F. J. y Rodríguez-Blázquez, C. (2018). *Salud Mental y Salud Pública en España: Vigilancia Epidemiológica.* Centro Nacional de Epidemiología.

cía indiscutible del deber sobre el placer a otra que únicamente quiere protegernos de todo lo que es desagradable, de la ofensa e indignación por cualquier cosa (lo que, en vez de crear un mundo más justo, está generando más intolerancia y extremismos), de la búsqueda compulsiva, casi bulímica, de experiencias, sensaciones agradables, necesidad de aprobación ajena en forma de «me gusta» e inmediatez. De un extremo a otro, sin embargo, somos la sociedad más exigida en términos de que esta intolerancia a lo que no es perfecto y estético también se aplica a las personas, de forma que cada vez resulta más difícil estar en paz con nosotros mismos y amarnos a pesar de las cosas que no nos gustan de nosotros.

Esta intolerancia a la frustración ha hecho que seamos profundamente reactivos al dolor y las emociones desagradables (cada vez nos medicamos más, incapaces de aguantar el dolor, sea físico o emocional), al esfuerzo constante (solo hay que ver la obsesión de los docentes por que todo sea superdivertido y espectacular en el aula, cuando es bueno aprender la lección de vida que supone que a veces toca lo que toca y no es un drama), a tener paciencia y perseverancia, a aceptar que las cosas pueden ser de forma diferente a lo que nos gustaría, incluso nosotros mismos (sobre todo nuestro aspecto físico), y todo ello no es agradable, pero tampoco es tan terrible.

Así que nos venden algo rápido, fácil, basado en una sola cosa que hemos de implementar y todo será genial. El secreto de la felicidad está a tan solo un vídeo de YouTube. Podrás tener una catarsis renovadora que te hará cambiar con leerte un libro o el cambio que provoques en un taller de una mañana será sólido y estable para toda tu vida.

Como bien se descojonan los de Pantomima Full en uno de sus irónicos y ácidos *sketches* en los que sale una persona bastante ridícula que se ha metido a *coach*, donde dice que toda su transformación personal se basa en una única conferencia, después aparece el rótulo «Un vídeo le cambió la vida» y no puedes evitar ver que es algo que atenta contra el más básico sentido común. Creo que una conferencia, un taller de ejercicios experienciales y toma de conciencia o un libro (espero que este lo haga), pueden ayudarte a ver o conectar con algo, a hacer un «clic» que puede ser decisivo, pero luego el implementarlo y traducirlo en cambios concretos durante tu vida real requiere de trabajo y tiempo.

Por si esto no fuese algo que, cuando se choque con la realidad, va a generar bastante frustración y desesperanza, encima nos dicen que, si no lo conseguimos, es simplemente culpa nuestra, porque no queremos ver el lado bueno de las cosas, porque tenemos apego al malestar o porque no estamos abiertos al cosmos.

Piensa en cómo afecta esto a la gente cuando luego intenta cambiar de verdad y se encuentra que la realidad del proceso es que por cada cinco pasos hacia delante se suele retroceder uno, que patrones con los que llevas funcionando décadas no los vas a cambiar en tan solo un mes de psicoterapia (y eso que es algo mucho más personalizado y se ajusta a tu problema concreto), que hay que pasar por emociones muy desagradables o que hemos de aceptar y reconciliarnos con la parte de nosotros mismos que no nos gusta, pues nunca seremos capaces de cambiarlo absolutamente todo.

Una buena hostia de realidad, claro, aunque he decir que todavía no he encontrado pacientes incapaces de asumirla y de reaccionar ante ella por muy jodidos que estén o aparentemente débiles que sean.

El postureo actitudinal positivista, en gran parte como consecuencia de la intolerancia al malestar y la evitación de todo lo displicente, nos señala que sentir emociones desagradables o asumir lo malo de la vida es algo intolerable, porque es terrible y evidencia, de fondo, un fracaso personal por no ser capaces de estar suficientemente positivos.

Por Dios, qué malcriada sociedad de mierda se nos está quedando, llena de personas asustadas que lo tapan todo con una falsa sonrisa y se exigen a sí mismas ser fuertes para no asumir su propia debilidad.

A mi entender, y a modo de resumen, las emociones desagradables son un proceso biológico innato con el que nacemos. Estamos diseñados para sentirlas, por lo que no podemos pasar de ellas o ignorarlas.

- Nos indican nuestras necesidades no cubiertas o nos señalan cuándo algo es dañino para nosotros.
- Son un mecanismo motivacional que nos mueve a realizar una acción adaptativa. El combustible necesario para el cambio. Una vez realizada esa acción, dejan de estar ahí.
- Cuando experimentamos una emoción desagradable y, a pesar de sentirla, expresarla y actuarla, no nos da un estado de paz, se trata de una emoción secundaria desadaptativa, por eso no funciona. Es fruto de una reacción negativa al hecho de estar mal o querer protegernos de eso (me enfado para tapar la tristeza, estoy triste para no tener que enfadarme…).
- Las emociones desagradables son útiles: la tristeza nos señala dolor y nos invita a recuperarnos y pedir apoyo; la rabia nos activa y empodera para plantar cara a lo que nos hace daño; la culpa nos mueve a reparar el daño que hayamos podido cometer y a tener consciencia de nuestras acciones; la ansiedad nos indica sobre qué nos hace sentir desbordados y de qué es bueno alejarnos.
- Permitirnos sentirlas, expresarlas o actuarlas reduce su intensidad, nos da paz y hace que sepamos manejarlas mejor, lo que provoca que nos den menos miedo.

# 3

# Devaluación y reduccionismo del pensamiento positivo

«La rebeldía es el único refugio digno de la inteligencia frente a la imbecilidad».

Arturo Pérez-Reverte
(periodista y escritor)

## Quién nos habla

En parte, lo que ha ocurrido con el mundo de la psicología, desarrollo personal o como cojones se quiera llamarlo no es algo exclusivo de este ámbito. Más bien, es el sino de nuestra época.

Internet y su posterior vástago, las redes sociales, modificaron para siempre la forma en la que nos comunicamos y, también, la forma en la que se transmite el conocimiento. Por un lado, fue algo impresionante el poner al alcance de todas las personas, en casi cualquier punto del planeta, toda la información que pudiéramos o quisiéramos desear. Si bien, la mayoría de las veces, la «información» que más interesa tiene que ver con el porno o con los memes (algo que no voy a criticar porque yo consumo y disfruto).

Pero te cuento todo esto porque las redes sociales cambiaron la forma de dar mensajes. En primer lugar, hizo que fuese mucho más fácil expresar nuestra opinión y que se oyese lo que teníamos que decir, pues hoy en día cualquiera puede tener un blog, redes sociales o grabar vídeos con algo tan cotidiano y presente en nuestras vidas como es un móvil. Esto tiene una parte muy buena, que es la accesibilidad, visibilidad e incluso, supongo, una igualdad de oportunidades (aunque ayuden, ya no son imprescindibles grandes sellos editoriales o medios de comunicación), pero también hizo que todo el mundo pudiese posicionarse como experto sin que tengamos muy claro a qué persona tenemos delante y quién la respalda.

Que una verdad es una verdad y una buena idea es una buena idea vengan de donde vengan, incluso respaldadas por alguna institución, no las convierte necesariamente en válidas o reales. Se ha promovido en gran medida el «coñobernardismo» imperante, donde cualquier persona habla de un tema como si fuera el puto Ramón y Cajal del asunto, el *sheriff* del negocio. Antes, quienes tenían más visibilidad solían ser reputados expertos, precedidos por una brillante labor en su área y con el aval de prestigiosas entidades como universidades o asociaciones profesionales de su campo. Supongo que, en parte, la culpa fue de todos estos expertos, que no se preocuparon en transmitir de forma sencilla y, sobre todo, amena contenidos que les interesan a casi todas las personas, pero lejos de ese formato de documental de La 2 que ya casi nadie logra ver sin quedarse roquefort en el salón. Yo, desde luego, salvo alguna conferencia en la Semana de la Ciencia que organiza la Comunidad de Madrid, durante mi etapa como profesor universitario en la capital de España no realicé labor divulgativa alguna, solamente escribía o daba conferencias dirigidas en exclusividad a profesionales y estudiantes de salud mental, así que también debo entonar el *mea culpa*.

El problema es que actualmente tenemos a un montón de gente hablando sobre temas relacionados con la salud (nutrición, actividad física y deporte, psicología y desarrollo personal, vacunas...), personas que tienen un nivel de preparación y conocimiento muy dudoso. He de reconocer que algunos de ellos son realmente buenos comunicadores, que otros aportan algo innovador y útil precisamente por no hablar desde la formación sanitaria, sino desde otros aspectos personales, disciplinas o desde su propia experiencia y reflexiones, pero eso hace que cueste mucho separar el grano de la paja, saber con qué mierdas quedarse y, además, por desgracia hay mucha más paja que grano.

## Formato y reduccionismo

Quizás sea el otro gran problema que han traído las redes sociales: nos hemos acostumbrado a que todo sea fácil y rápido. Los formatos se han simplificado enormemente, exigiéndose que, si quieres tener visibilidad en Internet, debes ser capaz de transmitir la información en formatos muy reducidos, como un vídeo de un minuto o una conferencia de media hora a lo sumo, una entrada de blog de una página y media o dos páginas de Word o una imagen en la que habrá más dibujo que frase, donde apenas puedes poner dos líneas. Yo mismo antes era mucho más capaz de leerme un tocho de ensayo sobre algún tema que me gustase, como la historia, la filosofía o la psicología, y ahora he de reconocer que me cuesta leerme un artículo en Internet que me lleve más de diez minutos.

Del libro al blog, del blog a la conferencia de YouTube y de esta al comentario de Twitter o a la imagen con frasecita. Cada vez hay formatos más breves, donde es más difícil exponer una idea sin simplificarla, reducirla, dejar fuera los matices y contradicciones inevitables en casi cualquier tema. Encima, imaginaos lo que eso supone al tratar de algo tan diverso, rico y todavía poco conocido como la mente, el inconsciente, las emociones o la conducta humana. No te puedes imaginar cómo meo vinagre cada vez que trato de reducir una idea a un vídeo de un minuto o a una frasecita para que quepa en una imagen. De hecho, me cuesta tanto que luego tengo que acompañarla de un comentario como descripción para matizar y profundizar un poquito más, aunque soy muy consciente de que apenas nadie los lee. Yo no lo hago muchas veces con los de otras personas a las que sigo, así que lo expreso como algo descriptivo y no como una crítica: simplemente sucede; recuerdo poco de la carrera sobre procesos de atención y concentración, pero supongo que el formato, la pantalla o la falta de costumbre fomentarán esto cuando a todos nos pasa.

El caso es que cada vez estamos menos acostumbrados a reflexiones profundas, severas y extensas de los temas. Lo queremos todo rápido, masticadito, en forma de *tips* y, claro, cuando se intentan transportar temas de calado a este formato, siempre hay información que se pierde en el camino. No es lo mismo que alguien te dé el resultado de un razonamiento a que lo acompañes en la disertación del mismo hasta entender por qué llegó a esas conclusiones. Así que cada vez tenemos más normalizado consumir mensajes fáciles que damos por válidos sin más, sin analizar la lógica que hay detrás de ellos.

Además, los mensajes tienen que darse de una forma innovadora, impactante y cambiante, ya que estamos expuestos a tantas cosas en redes que si no es imposible que centremos en ellos la atención, lo cual a veces influye decisivamente en el mensaje que se da o en cómo se da, en ocasiones casi más importarte. Se busca así un mensaje que gire más en torno a lo estético o lo llamativo, quedando el contenido del mismo en un segundo o incluso tercer plano. Para ser un buen comunicador es importante conseguir que el mensaje capte la atención de tu público y le llegue, pero eso es un medio, no un fin, ya que se supone que lo que debe importante es lo que realmente estás comunicando. Aquí, el formato de las redes y el *marketing* vuelven a competir con la calidad de la información que se suministra.

También nos influye el ver los «me gusta», comentarios o seguidores, ya que, en cierto modo, si tanta gente lo compra, tiene que ser bueno o verdad, lo cual fomenta aún más esa forma de dar la información que busca una validación e interacción en las redes por encima de cualquier otra cosa. De algún modo, todos hemos interiorizado hace tiempo que una persona es importante en ese ámbito si tiene muchos seguidores, más allá de su saber hacer en el mismo.

Escribiendo estas líneas de madrugada no puedo evitar acordarme de mi padre. Cuando le decía que todos mis amigos iban a un sitio o que les dejaban hacer algo como argumento para que me diese permiso, siempre me hacía referencia a una viñeta sarcástica de su época que decía: «Miles de millones de moscas no pueden estar equivocadas: coma usted mierda».

Creo que nos está pasando lo mismo a todos, y me incluyo el primero. Pero si bien esto sucede en todos los ámbitos, no todos tienen el mismo nivel de complejidad. La mente y la conducta humana son un área de la que tenemos enormes cantidades de conocimiento, con diferentes disciplinas que se solapan y aportan sobre ella, desde la psicología, la psiquiatría o las neurociencias, pasando por la antropología, la espiritualidad y la filosofía hasta el *marketing*, la comunicación o la inteligencia artificial. Además, cada una de estas disciplinas luego posee sus teorías, autores y enfoques, muchas veces contradictorios entre sí (solo en psicología clínica y sanitaria existen más de ciento sesenta tipos de terapias diferentes, que se agrupan en cuatro grandes paradigmas).

Todas estas divisiones responden, por un lado, a una guerra de egos un poco estúpida, algo muy frecuente entre los psicólogos, pero también a que cada uno de estos enfoques le da especial importancia a alguna área en concreto o es diferente en la explicación que le da a un fenómeno particular. Este hecho refleja que aún no existe una teoría que sea capaz de dar respuesta a todas las preguntas de forma esclarecedora y satisfactoria, pero también evidencia la increíble complejidad del ser humano y de los entresijos de su funcionamiento. Esperar que con el contenido ligero, basado en cuatro eslóganes, unas ideas muchas veces verdaderas pero básicas o simplificadas, unos cuantos vídeos de YouTube y quizás un libro o dos que se escriben sin pensar en un problema concreto o en alguien específico (pues tratan de dar una respuesta aplicable para todo su público potencial) una persona promedio vaya a conseguir solucionar en poco tiempo problemas que a profesionales sanitarios con más de seis años de estudios, cursos de actualización, experiencia clínica y otras titulaciones les suele llevar en torno a las cuarenta y cinco sesiones de trabajo intenso con el paciente es fliparse bastante, ¿no crees? Como mucho pueden explicarte ciertas cosas generales que se aplicarán en cierto grado a tu problema concreto y a tus características personales, lo que te ayudará a entenderlo o incluso te dará algún «truquillo» o similar que puede resultarte útil, pero que difícilmente provocará un cambio eficaz, sólido y mantenible en el tiempo.

Y estoy muy a favor de la divulgación de estos temas, creo que es una herramienta de gran valor para explicar, concienciar y ayudar a las personas y que es importante encontrar formatos atractivos para ello, algo que, sin duda, la industria de la autoayuda sabe hacer muy bien, pero intento ser realista sobre qué se puede conseguir efectivamente.

## Devaluación

Una de las cosas que más me llaman la atención de todo este movimiento es el hecho de que suelen basarse en teorías sólidas y serias en la mayoría de los casos. Algunos hasta citan experimentos o autores.

Sin embargo, se reduce tanto el mensaje, se convierte en un producto tan *light*, que al final se suele llevar algo serio y bien argumentado a la caricatura. Por ejemplo, recuerdo que oí a una persona decir «No merece la alegría» y, como la expresión me pareció rara de cojones, le pregunté qué significaba. Él me comentó que eso lo hacía porque había leído que en función de cómo nos hablamos así nos sentimos y vemos el mundo, por lo que era mejor hacerlo de forma positiva.

Es cierto que hay teorías, sobre todo de las terapias narrativas y en la terapia sistémica, que aseguran que la forma en la que nos contamos las cosas nos influye a la hora de percibirlas. De hecho, llegan a postular que las personas funcionan en coherencia con ese discurso que crean del mundo, de sí mismos o de su problema, y que solo podrás ayudarlas a cambiar si logras reelaborar el mismo con el paciente en sesión. Lógicamente, se refieren a la narrativa concreta que tienen sobre un tema complejo, en torno al que la persona desarrolla un discurso muy desadaptativo pero bien articulado, que es difícil cambiar y que no se da por sí mismo, sino que se fundamenta en una serie de cosas que hay detrás, de modo que cambiar esa explicación puede ser una buena forma de tocar aquello en lo que se fundamenta y darle una argumentación de lo que pasa más ajustada a la realidad, adaptativa y útil, que le permita funcionar de manera diferente.

Piensa en el tocho que acabas de leer, y ahora sube arriba y vuelve a leer ese «No merece la alegría». ¿De verdad crees que una persona se va a sentir mejor simplemente sustituyendo la palabra «pena» por la palabra «alegría»? ¿Crees que si esa persona no cambia nada en su vida pero sí esas palabras, hará por arte de magia que todos sus problemas se solucionen o solo estará hablando de forma más amable (en mi opinión ridícula)?

Otro de los aspectos con los que más se ha jugado son las supuestas investigaciones «neurocientíficas». Explicaciones habituales como que la oxitocina, hormona del amor (que, además, tiene efectos sobre la segregación de la serotonina y la dopamina, que están implicadas en la reducción de estrés y asociadas a una mayor alegría), se segrega cuando tenemos un contacto cálido, como al abrazar o ser acariciados y, por lo tanto, basta con abrazarnos todas las mañanas para sentir que tenemos amor por nosotros mismos o con dar X abrazos al día para conseguir ser más felices.

Hay que entender que lo importante no es la sonrisa o el abrazo, sino que eso es la manifestación de ese sentimiento y de un proceso emocional complejo que hay detrás. Lo que nos genera bienestar no es el abrazo en sí mismo, sino el cariño o amor que experimentamos y que expresamos en forma de esa conducta de abrazar y que son los que producen esa liberación de oxitocina. Tal y como señala la investigadora Lena M. Forsell en la revista científica *Comprehensive Psychology*: «(...) abrazar no es solo una parte del comportamiento de saludo, sino que también tiene su lugar como una muestra de empatía y/o gratitud»[1]. Todos hemos dado besos o abrazos sin ganas a familiares o amigos y son eso, gestos vacíos y huecos, ya que lo importante de estas conductas es aquello que las provocan, esa empatía o gratitud, por ejemplo. Recuerda cuando tu madre te decía que le dieses un beso a la tía abuela Felisa, que olía raro y dime tú si eso te quitaba el estrés o te alegraba el día.

Investigaciones que realizan estudios sobre situaciones o aspectos muy concretos son cogidos y deformados, queriendo extrapolar sus resultados a todos los ámbitos de una forma simple y reduccionista.

Otro buen ejemplo de esto sería la muy comentada (por este postureo positivo) investigación de Fritz Strack, donde se afirma que al pedirle a una persona que fuerce su sonrisa mientras muerde un bolígrafo se puede conseguir que sea más feliz[2]. Sin embargo, tanto los resultados como esa supuesta «felicidad» obtenida eran algo muy diferente a la simple frase «Si sonríes más, eres más feliz» (aunque no tengas putos motivos para ello) que nos han vendido. En el experimento se le pedía a dos grupos de personas que evaluaran cómo de graciosas eran unas viñetas cómicas. A la mitad se las hacía sonreír al morder el bolígrafo y a la otra mitad no. Lo que reportaba la investigación era que los sujetos a los que se les forzaba la sonrisa evaluaban las viñetas como más graciosas que aquellos a quienes no forzaban esa sonrisa.

---

[1] Forsell, L. M. y Åström, J. A. (2012). «Meanings of hugging: From greeting behavior to touching implications». *Comprehensive Psychology*, 1, 02-17.

[2] Strack, F., Martin, L. y Stepper, S. (1988): «Inhibiting and facilitating conditions of the human smile: A nonobtrusive test of the facial feedback hypothesis». *Journal of Personality and Social Psychology*, 54(5), 768-777.

Posteriormente, un grupo de investigadores decidieron replicar el estudio, preocupados por la «devaluación» de la psicología como disciplina. El grupo contaba con un total de diecisiete laboratorios de investigación de más de ocho países y replicaron el experimento de Fritz Strack. Obtuvieron unos datos que evidenciaban que este efecto era increíblemente limitado: la diferencia de cuánto «más graciosa» resultaba la viñeta era de apenas dos décimas en una puntuación del uno al diez[3].

Observa cómo se exagera el efecto de esta investigación y cómo no se dice lo que ocurre con la réplica, a pesar de que es más actual y presenta mayor número de laboratorios implicados.

Joder, lo mismo yo aspiro a mucho o soy muy exigente cuando hablo de «felicidad», pero para mí es algo que va más allá de que me parezca más gracioso o divertido un puto cómic.

Otra habitual media verdad de la industria de la autoayuda es etiquetar como más feliz a una persona solo por la presencia de cosas que son «alegres» o «agradables». La alegría es algo momentáneo, mientras que la felicidad es un estado mantenido en el tiempo. Así, una persona triste puede un día reír con su humorista favorito y no por eso saldrá de esa tristeza, probablemente porque aquello que la causa sigue estando ahí, de la misma forma que una persona feliz puede tener un mal día y estar encabronado sin que eso cambie su satisfacción por cómo lleva su vida.

Creo que las personas podemos «forzar» emociones, pero solo durante estados de duración breve, como cuando te pillas «el puntillo» tomándote unas copas y te ríes o como

---

[3] Wagenmakers, E., Beek, T., Dijkhoff, L. y Gronau, Q. (2016): «Registered Replication Report: Strack, Martin & Stepper (1988)». *Perspectives on Psychological Science*, 11(6), 917-928.

cuando lloras viendo una película triste, pero es algo efímero, precisamente porque no tiene nada que ver con lo que está pasando en tu puta vida y si eso es lo que tú quieres que ocurra o al menos con qué actitud decides afrontarlo, que es de lo que depende la felicidad. La devaluación no viene solo de coger ideas complejas y reducirlas a una instrucción ridícula totalmente descontextualizada o del hecho de que muchas veces haya que ser cautos ante los resultados de investigaciones científicas que no son suficientemente sólidas o replicadas, o cosas que sabemos de neurobiología, antes de sacar conclusiones precipitadas, sino también del hecho de que todo este dogma positivista se basa en medias verdades. En solo contar una parte o citarte una frasecita, sin explicarte qué fue lo que la provocó o qué hay detrás de la misma.

«El amor a uno mismo es el punto de partida del crecimiento». Una frase de Viktor Frankl que se cita habitualmente. De hecho, creo que es bastante cierta. Sin embargo, la frase completa es: «El amor a uno mismo es el punto de partida del crecimiento de la persona que siente el valor de hacerse responsable de su propia existencia». Que sigue diciendo esa gran verdad, pero de una manera más ajustada, aunque también menos naíf, porque, claro, lo de tener que hacerse responsable y que el amor a uno mismo no sea una idea gratuita, sino el fruto de una actitud de compromiso con uno mismo pues ya es menos sencillo. ¿Cambia la copla, verdad?

O cuando se cita a la gran psicóloga sistémica Virginia Satir, una de las grandes expertas a nivel mundial en terapia familiar y de pareja, se mienta mucho su frase: «La comunicación es a la relación como la respiración es a la vida». Suena bonito... Te imaginas ahí tomando un café mientras miras a tu pareja a la cara o dando un paseíto, cascando de lo más contentos. Pero Virginia se refiere a la comunicación con mayúsculas, a hablar de todo lo que ocurre con la otra persona con la que nos relacionamos, y eso incluye hablar de lo que nos molesta, de lo que nos ofende, de lo que necesitamos, de lo que nos da miedo y otro montón de temas que no son agradables de comunicar, pero sí absolutamente necesarios para que una relación funcione. No es hablar de lo bueno o de lo agradable exclusivamente (que también), es hablar, conversar sobre lo que pasa entre dos personas que comparten una relación y sobre lo que les pasa a nivel individual, incluido lo malo, algo difícilmente compatible con «estoy mal, pero voy a mirar el lado bueno» o «estoy enfadado con mi pareja, pero mejor voy a morder un bolígrafo para así ser feliz». Al final, lo único que consiguen es que, al morder el jodido boli, tengas una sonrisa de idiota mientras se te caen las babas.

También es que muchas veces no basta solo con la conclusión, sino que, para comprenderla plenamente necesitamos profundizar en todo el proceso del desarrollo y análisis que llevó a dicha conclusión, como, por ejemplo, explicar a los estudiantes del futuro que «después de los movimientos totalitarios del siglo XX sabemos que las dictaduras están mal» sin explicarles realmente el horror y la barbarie de los campos de concentración nazis, las deportaciones masivas a Siberia de la Unión Soviética, las masacres brutales de las tropas imperiales japonesas a los misioneros católicos o el estado de represión, miedo y paranoia que se dio en Checoslovaquia durante la Guerra Fría. Por no hablar de que casi siempre, para entenderlo realmente, es importante o imprescindible haberlo vivido. La frase «De los gustos sin pecar, el mejor es el de cagar» solo la entiendes al cien por cien cuando has vivido alguna vez esa sensación de no poder aguantar más y llegar al baño y sentir la liberación de que salga todo fuera casi sin tener que apretar (es una frase que decía mi padre y que siempre que salgo del baño mucho más ligero y relajado recuerdo como una de las grandes verdades que me enseñó).

Como decía el bueno de Korzybski en su obra *Semántica general* —que tendría claras influencias en el desarrollo de la Gestalt, la programación neurolingüística o la terapia racional-emotiva-conductual de Albert Ellis, uno de los modelos más implementados de terapia a nivel mundial—: «El mapa no es el territorio». Es decir, que una cosa es la visión teórica que se tiene sobre algo y otra muy diferente es cómo se da en el mundo real. La brecha entre la teoría y la práctica es en el mundo del cambio y del desarrollo personal, al igual que ocurre en casi todas las disciplinas, muy muy grande.

La mayoría de los autores de autoayuda, de gurús iluminados y de promotores de ese pensamiento positivo se dedican exclusivamente a divulgar contenidos, ya sea a través de conferencias, libros o redes sociales. Vamos, que no han visto un paciente en su puta vida (uy, perdón, que he dicho «paciente» y esa palabra es mala porque patologiza al individuo… En fin, mierdas *everywhere*).

Porque hay cosas que sobre el papel son muy sólidas y quedan muy bonitas, pero luego está la ejecución de las mismas y ver si aguantan el choque con la realidad. Esto incluso pasa con las investigaciones serias, en las que a veces lo que se obtiene en un laboratorio, donde todo está bajo control, no es extrapolable o aplicable a la realidad de lo que pasa en la consulta o en la vida de las personas cuando intentan realizar cambios en sus vidas.

Me gustaría ver la cara que se les queda a muchos de los que hablan de forma tan rotunda sobre que la vida es cuestión de echarle ganas y ser optimista cuando están delante de una persona que de pequeña ha sufrido abuso sexual por parte de su propio padre o de, simplemente, una persona que todos los días sufre una ansiedad tan intensa que hace que esté asustada a cada momento, pensando cuándo le va a dar otro ataque de pánico o sintiendo una opresión en el pecho tan enorme que le impide no centrarse en eso y mirar nada de lo que pasa a su alrededor.

También porque dicen mucho qué hay que hacer, pero poco sobre lo importante: cómo coño se hace. Porque lo difícil es eso, ser capaz de implementarlo en la vida real, a pesar de que hay momentos en los que te desborda la sintomatología o simplemente estás derrotado y no tienes fuerzas, porque ellos lo dejan todo en la voluntad, como si solo dependiese de ti. Incluso un microondas viene con un manual de instrucciones que tiene una sección donde habla de problemas frecuentes cuando se trata de utilizarlo, dudas que son habituales entre los usuarios y hasta un teléfono de consulta para aclarar posibles problemas. Un puto microondas, que no es lo más complejo del mundo, pero en cambio, cómo lograr que cambien las personas y que resuelvan patrones desadaptativos que les hacen sufrir y en los que llevan atascados años y décadas no necesita nada de eso.

Lo difícil en psicoterapia no es tanto saber qué necesita el paciente, sino cómo ayudarle a que pueda implementar esos cambios, a que se vea capaz de ello, a que se sienta con el derecho a ello, a que encuentre una motivación para hacerlo, a que se comprometa consigo mismo, a que encuentre una forma de hacerlo que resulte coherente con quien es él y lo que quiere en su vida. El manejo de resistencias al cambio, la adherencia al tratamiento, los factores de riesgo o la prevención de recaídas son secciones habituales en cualquier manual de psicoterapia mínimamente decente.

Porque llegar y citar unas investigaciones o teorías de forma sesgada, poner unos dibujos cuquis o unos vídeos muy emotivos y crear una sensación momentánea de motivación o esperanza es relativamente sencillo (aunque he de reconocer que lo hacen muy bien, desde luego), dando unas ideas fáciles y huecas por dentro que luego, cuando se intentan implementar, simplemente hacen aguas o resultan inviables.

Creo que se parece un poco al porno, porque es algo que te activa mucho y que es muy agradable de ver, pero luego no es aplicable al mundo real, porque ahí parece todo muy fácil y sencillo y nos encantaría que a nosotros nos pasara lo mismo o porque, cuando acabas, muchas veces te deja una sensación de vacío. También porque muchas veces saca fuera cosas, pero nunca es fecunda.

El pensamiento positivo es pornografía emocional.

A mi entender, en el mundo del pensamiento positivo y la autoayuda:

- Cuesta saber quién es y qué cualificación o aval tiene quien la imparte.
- Se busca más causar impacto y llamar la atención que el mensaje en sí mismo.
- Se tiende a explicar procesos complejos de forma extremadamente simplista.
- Se basa en medias verdades o en la aplicación reduccionista de teorías y principios.
- Se desconecta de la realidad de los procesos de cambio de las personas.
- Tanto los profesionales como los formatos en los que se ofrece y la forma de hacerlo son excesivamente teóricos y poco prácticos.
- Se centran en el qué hacer, frente a lo realmente difícil: el cómo, el porqué y el para qué hacerlo.

# 4

# Grandes mentiras del pensamiento positivo

> «Nadie se ilumina fantaseando figuras de luz, sino haciendo consciente su oscuridad».
>
> Carl Gustav Jung
> (psicoanalista)

## Si deseas cosas buenas, estas ocurrirán

Bueno, esto es lo que nos encantaría a todos, ¿verdad? Sin embargo, yo me tiré buena parte de mi adolescencia deseando que María, una chica guapísima de mi clase, me echase un polvazo y eso nunca ocurrió. Y mira que lo deseé, ¿eh? Como solo un adolescente sabe hacerlo.

Todas esas ideas de la ley de la atracción y similares no se fundamentan en nada más que en algo que a todos nos gusta creer: que simplemente debemos tener una actitud de apertura o de aprender a «desearlo bien» para tener abundancia y que lo que queremos en nuestra vida (que muchas veces se nos olvida que únicamente lo queremos y no lo necesitamos) nos sea dado. Si no lo consigues, es porque no estás teniendo la apertura suficiente con esa energía o poder superior. Con lo cual, volvemos a culpabilizar a la gente por estar mal o no conseguir lo que desea en su vida; porque, claro, no está teniendo apertura o no lo está deseando lo suficiente.

La verdad, creo que todo esto es más propio de la espiritualidad y de lo religioso, ideas que considero muy dignas pero que poco o nada tienen que ver con el mundo de la psicología o del desarrollo personal tal y como lo entendemos (yo, personalmente, soy católico, aunque a Dios lo que es de Dios y al césar lo que del césar, ya tuvimos mucha intromisión de la Iglesia y los sacerdotes en la ciencia y la cosa no salió muy bien precisamente). Se trata de una espiritualidad *light*, simplificada al extremo, que me parece que intenta quedarse con el truco, con el sortilegio (cómo conseguir cosas), en lugar de una espiritualidad profunda, que va siempre unida a una reflexión, pero sobre todo a un proceso experiencial y emocional muy profundo, y que, además, tiene una enorme carga: no todo es bueno o sencillo, también hay que combatir la duda, asumir reglas a veces difíciles de cumplir… En la parte donde sí creo que pueden apoyarse, o que pueden tener un poco de razón (aunque, personalmente, me parece la más ridícula de las ideas del pensamiento positivo), es en el hecho de que una actitud de apertura nos puede llevar a estar más receptivos a determinado tipo de experiencias u oportunidades que desecharíamos o ignoraríamos si no lo hiciésemos, como salir de nuestros prejuicios encasillados sobre el tipo de pareja ideal que tenemos y atrevernos a iniciar algo con esa persona que no está en nuestro «prototipo» pero tiene algo que nos atrae.

Por otro lado, considero que también pueden basarse en el hecho de estar focalizados en un tema. Recuerdo que cuando abrí mi academia de psicología y clínica para personas sin recursos, Aprende Viendo Terapia, mi vida giraba en torno a ese proyecto; de hecho, viéndolo ahora con retrospectiva y en base a lo amargado que acabé tras cuatro años dedicados a él, estaba demasiado focalizado en ello, lo cual, sin duda, fue un gran error (aunque también una valiosa lección) en mi vida. ¿Qué ocurría? Pues que «atraía» cosas que eran buenas para mi negocio, ya que, al estar siempre pensando en ello, mi mente encontraba oportunidades, contactos, sinergias por todas partes que, de otra forma, me hubiesen pasado inadvertidas. Si, por ejemplo, navegando en Internet veía un artículo de psicología interesante, me fijaba en el autor de dicho artículo y se me pasaba por la cabeza la idea de enviarle un *e-mail* para proponerle una colaboración con Aprende Viendo Terapia.

También está el hecho de que cuando estás volcado con algo, como te pones a ello, de tus acciones en ese ámbito surgen acontecimientos que, si bien son inesperados, no resultan fruto del azar, sino que son una consecuencia de tu trabajo: recuerdo que fruto de las acciones de *marketing* y, quiero pensar, la buena labor y dedicación, Aprende Viendo Terapia fue volviéndose famosa en redes sociales y conocida entre los profesionales de la psicología en Madrid. A los tres años de la iniciativa, se puso en contacto conmigo la directora del Centro Universitario Cardenal Cisneros, una universidad privada dependiente de la Universidad de Alcalá de Henares, que deseaba que implementase con ellos un programa de formación práctica para sus estudiantes. Durante las conversaciones para definir ese programa práctico, nos pareció que sería más productivo si iba acorde con los contenidos que viesen en determinadas asignaturas de clase, con lo que no solo conseguí dar dicho programa, sino que también me hicieron profesor titular de la asignatura Tratamiento Psicológico. Desde luego, yo no había hecho ningún movimiento buscando eso y, como es normal, no me lo esperaba, pero creo que lo que lo «atrajo» a mi vida fue mi esfuerzo, mi labor como docente y clínico y el saber ver una oportunidad e ir a por ella con cierta osadía, no pedírselo profundamente al cosmos ni la acción de ninguna energía. «¡La inspiración existe! Pero tiene que encontrarte trabajando», que decía Picasso.

Quizás si, en vez de simplemente desear a María, hubiese trabajado en ella, en hacerme amigo de sus amigas, en hablarle pese a mi terrible timidez con las niñas en aquella época o en no criticarme todo el rato por mi aspecto, se habrían dado oportunidades que habría «atraído» o las pocas veces que hablé con ella yo habría tenido una actitud de apertura, en vez de ponerme muy nervioso (pobre Ventura adolescente, no sabéis lo mucho que sufrió por sentir que no podía gustarle a ninguna chica).

## Si te centras en lo bueno, serás feliz

Probablemente esta es la idea más consolidada de los libros de autoayuda, incluso entre los propios profesionales del trabajo con personas. Esta concepción de que la mente es como un ordenador que podemos simplemente programar para que se quede con la parte que queremos, ignorando las otras, a fin de que veamos lo que sí hay bueno en nuestra vida (que, siempre lo hay, aunque estemos de mierda hasta el pescuezo).

El razonamiento parece muy lógico: si me centro en lo que sí funciona de mi vida y trato de ignorar lo que no, el balance en mi contabilidad interna será positivo. Sin embargo, como ya te he expuesto antes, esto no funciona así, ya que nuestra biología está diseñada para poner su atención en aquellas necesidades que tiene que cubrir, centrándose en las menos cubiertas y, por tanto, más doloras, generando sentimientos desagradables o que pensemos en ellas para movernos a una acción que las cubra y solucione el problema. El cerebro emocional es mucho más potente que el racional, por lo que, por mucho que intentemos racionalizar lo que nos pasa, solo conseguiremos sentirnos mejor de forma muy limitada.

Pero olvídate de lo que te he explicado del cerebro y vamos al puto sentido común: ¿de verdad crees que eres capaz de ignorar de forma eficaz lo que te duele profundamente? Imagina que me meten en una habitación con Scarlett Johansson en lencería (una combinación que me volvería loco, porque las dos cosas me encantan), un cofre lleno de rubíes y una fuente con unas excelentes croquetas. Todo cosas que me gustan o que son buenas, pero, como todo no puede ir siempre bien, justo antes de entrar me clavan un machete en una pierna, haciéndome un profundo corte. No creo que pudiese hacer otra cosa que cagarme de miedo y gimotear de dolor. Vaya cenizo, ¿no? «Joder, que está Scarlett Johansson en lencería, tío, a cualquiera le fliparía estar en tu lugar. Hay cosas que te gustan mucho y ¿vas a centrarte solamente en lo malo?». Pues, mi querido positivista de pacotilla, creo que sí, que no voy a ser capaz de atender a otra cosa que a mi pierna, a mi hemorragia y a que me estoy cagando de miedo.

Existen ciertas herramientas y habilidades que permiten entrenar a una persona para centrarse más en lo bueno que en lo malo, en corregir sus «sesgos negativos», especialmente las desarrolladas por la psicología cognitivo-conductual en base a las investigaciones de Aaron Beck[1]. Sin embargo, su alcance parece más limitado y su eficacia más

---

[1] Beck, A. T., Rush, A. J., Shaw, B. y Emery, G. (1979): *Teoría cognitiva de la depresión*. Bilbao: DDB.

a largo plazo de lo que se creía inicialmente[2], lo cual no quiere decir que no sean eficaces, sino simplemente que no hay milagros; y, sobre todo, es un proceso costoso que requiere de un entrenamiento en psicoterapia con un psicólogo o psiquiatra especializado en este tipo de técnicas, el cual debe entrenar al paciente en cómo funcionan y adquirirlas, algo mucho más complejo que el mero «ponte las lentes de ver bonito» que suelen plantearnos. Para que te hagas una idea, los tratamientos cognitivo-conductuales con depresivos centrados en solucionar los sesgos negativos suelen tener una duración de unos seis meses, experimentan mejoría clara en torno al 60-70 por ciento de los pacientes y solo se consigue con aquellos que son disciplinados, que son capaces de seguir el entrenamiento y los numerosos «deberes» que, entre las sesiones, deben realizar en casa a diario[3]. Lo cual es realmente espectacular, pero mucho más complejo de lo que nos dicen desde el discurso positivista.

Otra duda que tengo, y planteo aquí abiertamente, es si además esto es bueno para todas las personas. Es decir, entiendo que para personas que muestran una tendencia a verlo todo de forma negativa, a focalizarse en lo malo (aunque si esas tendencias existen o no, es algo muy discutido entre los psicólogos), puede tener sentido este entrenamiento en «quedarse con lo bueno» como forma de contrarrestar esta forma de interpretar la realidad tan lesiva, pero ¿tiene sentido aplicarlo con toda la población? Creo que es

---

[2] TEASDALE, J. D., SEGAL, Z. V., WILLIAMS, J. M. G., RIDGEWAY, V. A., SOULSBY, J. M. y LAU, M. A. (2000). «Prevention of relapse/recurrence in major depression by mindfulness-based cognitive therapy». *Journal of Consulting and Clinical Psychology*, 68(4), 615.

[3] JACOBSON, N. S. y CHRISTENSEN, A. (1996). «A Component analysis of cognitive behavioural treatment for depression». *Journal of Consulting and Clinical Psychology*, 64(2), 295-304.

como la pata de una mesa: si pones la calza en la que no está coja, solo harás la cojera mayor. Y existen muchas personas negativas, pero también muchas excesivamente optimistas e ingenuas, desresponsabilizadas de lo que pasa en su vida o que tratan de no mirar sus problemas y taparlos con otras cosas, a las que este tipo de mecanismos pueden hacerles muchísimo mal.

El problema, como siempre, es que algo que es útil, que puede resultar terapéutico para determinadas personas y que, como es el caso, hasta está científicamente probado, se reduce a la frasecita y al dogmatismo, con una mentalidad enjuiciadora y reduccionista a quien no lo haga, no le sirva o difiera de ello, simplificándolo al absurdo y queriendo plantearlo como una fórmula de la felicidad, aplicable para todo el mundo y sin explicar de forma clara el coste de adquisición que tiene o un análisis serio de sus pros y contras, algo que tienen todas las cosas en la vida, por buenas que sean.

Desde luego, estar todo el día pensando y viendo lo malo de la vida no es algo que te vaya a ayudar a sentirte de puta madre. De hecho, es algo que los profesionales de salud mental trabajamos a diario en consulta con muchos pacientes. Más allá de saber por qué hacen eso, es entender por qué lo hacen, la idea de funcionalidad y de que nadie se fastidia por gusto, que ya te he explicado antes.

Es paradójico cómo hablan extensamente y te hacen ver que centrarse en lo negativo es una visión sesgada y deformada de la realidad para proponerte… ¡exactamente lo mismo! Fijaos que se habla mucho del «sesgo negativo», pero no catalogan lo que ellos hacen como «sesgo positivo». Entiendo que es mejor uno positivo que uno negativo, pero ¿el problema no es precisamente que ambos son un sesgo?

No obstante, la vida no es solo como la ves, también, digo yo, que será lo que te pasa. «Me han diagnosticado un problema de riñones y voy a necesitar diálisis, pero, oye, hoy volviendo del nefrólogo he pasado por el parque y hacía un día precioso y he disfrutado viendo a unos niños jugar, con esa envidia que nos da a los adultos cuando los vemos solo centrados en el momento presente». Quizás haya un rato de consuelo en eso, incluso una lección para ese enfermo renal de ver el presente, pero no creo que esa visión pueda «pesar» más en el balance interno que la desgarradora noticia de su diagnóstico, que además es algo que debe atender inmediatamente, pues le obligará a cambiar su vida de manera drástica a todos los niveles: hábitos de vida más saludables, dejar de consumir ciertas sustancias, cuadrar su jornada laboral con la asistencia a la diálisis, adherencia a un tratamiento farmacológico con sus inevitables efectos secundarios, posibles costes económicos asociados al tratamiento médico y otras mil putas variables, que dependen de cada persona y es importante mirar, porque hay que hacer algo con ellas.

Hay que diferenciar entre no instalarnos en el malestar, en la autocomplacencia de lo negativo, y el derecho a estar mal; entre el tener una visión real de la vida, incluso forzar que sea un poquito amable y no focalizarnos solo en lo malo versus la automanipulación cognitiva para no afrontar aquello que no funciona en nuestra vida y sobre lo que debemos decidir y posicionarnos ante ello.

Eso no es verlo con las gafas de lo optimista y la alegría, no es ilusión y ser positivo, es simple y llanamente la venda de la cobardía de quien no quiere ver, cubierta de purpurina.

No necesitas ver lo bueno de la vida, necesitas ser capaz de ver lo que ocurre en tu vida y cómo te hace sentir, para elegir libremente cómo decides afrontarlo, porque te garantizo que, como las patatas de Rogers, tienes la puta capacidad de superarlo, aunque superar algo duro siempre implica pasarlo mal; por eso precisamente decimos que es duro y por eso ahí emergen las llamadas «fuerzas de flaqueza».

Para superarlo y adaptarte, puedes hacerlo solo, buscando los recursos que a ti te sirven pero puede que a otro no, como amistades, un viaje interior, tu espiritualidad, determinados hábitos o pasiones que doten de sentido tu vida o incluso, por raro que te parezca, acudir a un profesional de la salud mental, como un psicólogo o psiquiatra, porque, como leí una vez en Facebook, y esa frase sí que se merecía ser viral y mil millones de *likes*, «problemas tenemos todos, pero a terapia acude quien decide responsabilizarse de ellos». Y «quererse como para confrontar su propio dolor en vez de huir y dejarse solo en él», añadiría yo (que siempre soy un tocapelotas o un narcisista y tengo que ponerle mi notita a las cosas para hacerlas mías y que me encajen plenamente. De todas formas, si el escritor de esta frase me lee: eres el amo, ¡qué manera de clavarlo!).

## El cambio indoloro y porque es «lo correcto»

Esta es otra de las cosas que me fliparían que fuesen tal y como nos las plantea la industria de la autoayuda: que cambiar fuese algo fácil (no solo porque no tenga un coste y compromiso con nosotros mismos, sino también porque no viniese del dolor); también, que fuésemos capaces de encontrar la motivación para el cambio, la determinación férrea con aquello que hemos decidido cambiar y la capacidad de mantenernos firmes en ello incluso cuando estamos cansados, nos pasan putadas o dudamos si realmente merece la pena el esfuerzo por lo que se supone que queremos conseguir, simplemente porque «es lo correcto» o «estudios demuestran que hay que hacerlo así» o «soy un puto gurú que humildemente comparte contigo mi experiencia transformadora y ahora soy lo que te sale en Google si buscas "tío feliz", así que hazme caso que lo vas a petar muchísimo».

Me explico: a mí no me gusta mucho el deporte. Más bien, no me gusta una mierda. Pero tras año y medio realizándolo he llegado a no odiarlo y hasta a pasármelo bien algunas veces en mis horas de ejercicio con mi entrenador personal (me niego a llamarle *coach*, *personal trainer* o alguna otra mierda, cuando tenemos un idioma que otra cosa no, pero palabras y sinónimos tiene para aburrir, y si no que se lo digan a los pobreticos de mis primos de EE. UU., que aún siguen intentando aprender español), Antonio, alias el Compi, que el adorable cabrón es capaz de sacarme una risa aunque esté haciendo algo que no me gusta a las siete de la mañana y, encima, costándome el dinero.

Tras haberte encuadrado en mi escasa afición por el deporte, te diré que yo intenté muchas veces hacerlo porque quería «ponerme todo petado y fuerte» y, como profesional sanitario que soy, tengo cierta idea de por qué es beneficioso para mi salud a nivel psicológico, social y biológico. También, porque, aunque me creo que soy un tipejo con bastante criterio propio y poco influenciable, en cierto modo me empujaba a practicarlo el estar inmerso en una cultura donde se me da ese mensaje todo el rato y me enseñan el cuerpazo que debería tener o porque muchas de las personas de mi edad (y aún más de las generaciones posteriores a mí) lo hacen.

Contribuí enormemente al sector del *fitness* de este país apuntándome a gimnasios a los que no iba (lástima que no exista efecto placebo aquí y con el mero hecho de apuntarte y tener la tarjeta en la cartera ya quemases algunas grasas); algunos días me machaqué los tobillos yendo a correr por el asfalto, ya fuese en el paseo marítimo de Marbella, que es un sitio agradable de la hostia, dándole vueltas al Santiago Bernabéu en plan motivarse cerca de un sitio tan icónico o yendo a los Paseíllos Universitarios de Granada, donde van un montón de estudiantes y, mira, al menos te sientes menos solo y muy mal se tiene que dar para que no veas algunas niñas espectaculares, que siempre ayuda a correr, ya sea porque no quieres perderlas de vista o porque los tíos a veces somos un poco patéticos con lo de mostrar capacidad frente a las mujeres...; total, que te esfuerzas. También quedaba con amigos para ello, y nos comprometíamos diciendo «esta vez va en serio», normalmente en una conversación que salía tras un finde de copas y *pizzas*, un domingo por la noche, con más cara de reventado que quien recibe una violación anal por seis senegaleses y llenitos de arrepentimiento por la vida alejada de lo correcto que llevábamos (aunque el mensaje social, sin nada de contradicciones o discurso de doble vínculo, que dirían los psicoanalistas, te marque que debes ser *cool*, que debes salir y vivir experiencias, exprimiendo el momento al máximo, pero que luego te diga que tienes que cuidarte y tener el abdomen más marcado que un galgo las costillas; dos mensajes que muy compatibles no son...). Probé diferentes deportes para ver si alguno me convencía: salir a correr (ya te he dejado claro que me niego a decir *running* y otras mamarrachadas), natación, musculación, *spinning* (aquí lo dejamos mi amiga Carmela y yo porque el monitor, para motivar, sonreía todo el rato y daba un puto miedo que flipas. Su optimismo y *energy* eran propios de un bipolar en fase maníaca) y algún otro que se me olvidará, con poco resultado más que acumular fracasos y el sentimiento de que nunca sería capaz.

¿Cómo he logrado pasar de todo esto a hacer deporte de forma regular y adelgazar, estando actualmente en mi «peso ideal» según la báscula Tanita? Pues porque me diagnosticaron dos hernias discales y con ellas venía una maravillosa ciática, que es un dolor que te baja por la pierna y que mi padre, quien también la sufrió, describía como «si te metiesen un cuchillo por el pie hasta donde se une la pierna con la cadera». Vamos, que agradable lo que se dice agradable no es.

El dolor físico y el acojone de verme con veintiocho años incapaz de estar más de media hora de pie, más un par de traumatólogos que me comentaron que habría que operar, me llevaron a ver también a un fisioterapeuta y quiropráctico, quien me explicó que era lo que me decían los médicos o cambiar mi vida: adelgazar para quitarle peso de más a una columna cervical ya jodida, cambiar hábitos posturales y entender algo de ergonomía y acudir a verlo para que ejercitásemos la musculatura y otras cosas que solían implicar dolor. Mejoré del carajo y pude volver a llevar una vida normal, aunque tenía que evitar levantar peso y debía cuidar la postura, así que estaba bastante contento.

¿Qué pasó? Que como no me dolía, me relajé con lo de cuidarme (más bien, lo dejé del todo), sumado al estrés por mi decisión de cerrar mi clínica de Madrid (lo que, además, me supuso un enorme conflicto interno y con personas entonces muy queridas), y volví a tener menor movilidad en la espalda que una alcayata.

Volver a verme así de mal, con tantísimo dolor y limitado, fue lo que me dio la determinación de comprometerme con el deporte en serio. Eso... y que decidí no hacer más de lo mismo: si siempre lo había intentado hacer solo y con opciones *low cost*, ahora lo haría con un entrenador personal y gastándome una buena pasta en mi salud (que a mí el dinero me duele y porque así me comunico que soy importante), con una aplicación para contabilizar calorías, estando siempre pendiente de mi postura en el coche o en la consulta y haciendo una tabla de estiramientos todos los días. Todo esto forma parte de mi vida actualmente.

Supongo que el recuerdo de mi padre —quien me tuvo con sesenta y tres años y pude ser testigo de la vejez de mierda que pasó, en la que al final apenas se movía y hasta teníamos que cambiarle los pañales— ayudó también a que me pusiera en serio con el asunto.

Y esto es un buen ejemplo de cómo las emociones desagradables (toda esa ansiedad por verme mal, la tristeza de perder facultades, la rabia por comprobar lo injusto que era que nadie de mi edad tuviera esos problemas, el doloroso recuerdo de mi padre) se convirtieron en algo adaptativo, movilizador al cambio, y que me dio un «porqué» íntimo, real, para poder provocar ese cambio en mi vida y de una puta vez pasar de un mero objetivo de Año Nuevo a una realidad. Personalmente, ni siquiera concibo tanto que la emoción desagradable y el dolor emocional fueron los que me motivaron, sino que creo que fueron parte, necesaria e imprescindible, del mismo proceso de cambio en sí.

Mi experiencia personal y mis años como psicólogo me han hecho creer que no existe cambio sin dolor que mueva a ello. Esto no significa que el cambio no pueda ser hacia cosas agradables, incluso que sea un proceso que tiene una parte muy disfrutona, divertida, ilusionante o excitante, pero lo que nos mueve a iniciar ese proceso es el dolor por cualquier cosa que nos pasa, porque anhelamos algo que no tenemos o porque nos da miedo llegar a determinada situación.

Cuando se nos presenta a todos los grandes «triunfadores» desde esa mezcla de pensamiento positivo y sensacionalismo, que a veces están asociados al mundo del «emprendimiento», solo se muestra cómo esas personas exitosas querían triunfar y perseveraron con una fuerza de voluntad sorprendente, pero no que sus motivaciones venían del dolor; normalmente del de no sentirse nunca suficientemente buenos o sentirse rechazados, y fue eso lo que los movió (si ves testimonios o indagas sobre la vida de Lady Gaga, Michael Jackson, Julio César, Hernán Cortés, Ramón y Cajal, Fritz Perls o Jordan, podrás ver que este patrón se repite hasta vomitar).

Esto genera las conocidas «fuerzas de flaqueza», las que permiten generar los grandes cambios en la vida de las personas. A nuestro psiquismo, que lleva una estricta contabilidad coste-beneficio, no le gusta mucho cambiar cosas, por lo que necesita sentir que está en juego pagar un precio muy alto para atreverse a algo tan incierto (¿seguro que veré beneficios y perderé peso si hago dieta? ¿Me sentiré mejor divorciándome?) como la mayoría de los cambios que anhelamos o necesitamos en nuestra vida.

Por cierto, ¿te has dado cuenta de que he tenido los santos cojones de reírme de los gurús que te cuentan su experiencia y te aseguran brindártela para que tú la sigas tal cual y, sin embargo, yo te he contado extensamente la mía? Pues aparte de las contradicciones que tenemos todos los seres humanos, te diré que la diferencia es que yo no creo que mi historia tenga por qué servirte a ti, pero te puede hacer pensar y tú eres el único que podrá extraer de ella qué es válido para ti mismo, y porque leer esto probablemente te mueva muy poco al cambio. Para que esta historia te sirviera, tendrías que sentir el miedo que yo sentí, el dolor que yo sentí, la impotencia que yo sentí y tener el recuerdo de mi padre que yo tenía, eso sí generaría en ti un estado emocional desagradable pero increíblemente eficaz como herramienta motivadora al cambio.

Porque realmente, tal y como estamos confeccionados, con un cerebro emocional que tiene mucha más fuerza que el racional, que te expliquen que algo es la forma adecuada o incluso que te detallen investigaciones científicas que demuestran de forma más o menos irrefutable que una es la manera adecuada de hacer las cosas, no garantiza una mierda que lo vayas a hacer. A ver, la mayoría de la población no es nutricionista, pero tiene claro que ir a comer hamburguesas que cuestan un euro en un establecimiento de comida rápida no tiene que ser muy sano y bueno para alcanzar sus objetivos de imagen corporal.

También sabemos que beber, fumar, la vida sedentaria, consultar con frecuencia las redes sociales, el exceso de horas frente a la pantalla y mil mierdas más que hacemos no nos vienen nada bien, y ahí seguimos haciéndolas con más adherencia que una beata va a misa los domingos.

No es que seamos estúpidos, es que nuestro psiquismo no reacciona en función de lo que sabemos del mundo, sino de lo que entendemos, y lo único que entendemos es aquello que vivimos. Yo cursé un posgrado en Sexología, pero solamente entendía de verdad lo placentera que es una determinada práctica sexual haciéndola, no leyendo sobre ello y teniendo conocimiento de que hay una mayor estimulación de las zonas erógenas o cómo la mayor inervación del sistema nervioso provoca esa sensibilidad. Supongo que por eso, en mi caso, en casa del herrero, cuchillo de palo.

Como dice Nietzsche: «El hombre puede con cualquier cómo cuando tiene un buen porqué». Pero ese porqué es, casi siempre, fruto de la experiencia personal, de lo que hemos vivido y las emociones que nos provoca. Es un porqué íntimo que nosotros no solo entendemos a un nivel racional, sino que, sobre todo, sabemos a un nivel de vivencia, de corazonada, de que una parte de ti te dice que es cierto. Ese es el que de verdad mueve al cambio y, por desgracia para nosotros, habitantes de un primer mundo cómodo, calentito y donde los medios y la tecnología nos han hecho con baja tolerancia a la frustración, es doloroso.

Tanto es así que incluso las corrientes psicológicas que realizan tratamientos más basados en apoyarse sobre la capacidad cognitiva del ser humano dan una gran importancia a la psicoeducación, que creo que ya te he comentado que consiste en explicar al paciente cómo funciona la mente y por qué debe hacer las cosas de una determinada manera en su vida. Y aunque dedican a esto un notorio esfuerzo, suelen encontrar que muchas veces no es suficiente para motivar al paciente al cambio o para que, una vez iniciado, se mantenga firme. Recuerdo que a mis alumnos de prácticas que trabajaban desde terapias cognitivo-conductuales les proponía que, para aumentar la motivación al cambio de sus pacientes, simplemente les pidiesen que, cuando «registraran» (en este tipo de terapia es habitual pedirle al paciente que anote a lo largo del día sus pensamientos o conductas para poder analizar sus patrones), añadiesen a la información que les solicitaban qué pensaban o sentían, que asignaran del uno al diez una puntuación sobre cuánto malestar les ocasionaba eso, cuánto sufrían por aquello que registraban. Me gustaría decir que fue un factor determinante, cosa que no puedo hacer, pero sí puedo decir que realizaron más cambios que cuando no se les pidió.

Incluso, algunos de los grandes teóricos de estos modelos han incorporado ideas de terapias más centradas en lo emocional, como Jeffrey Young, el discípulo de Aaron Beck, que complementó su teoría de esquemas cognitivos con otros más profundos y poderosos, de corte emocional, y que suelen emplearse en pacientes resistentes a los tratamientos, precisamente porque el cambio basado en un «es lo correcto» resulta algo muy difícil[4]. Que continuamente se nos bombardee con razones de por qué debemos cambiar, se nos culpabilice de estar mal por no hacerlo de la supuesta «forma correcta» o se nos explique la nueva teoría de cómo debemos hacer algo para hacerlo bien solamente sirve para que nos sintamos mal, fracasados e ineptos por no lograrlo, pero no se está haciendo algo imprescindible que es activar los procesos motivacionales que hacen posi-

---

[4] YOUNG, J. E., KLOSKO, J. S. y WEISHAAR, M. E. (2003). *Schema therapy*. New York: Guilford, p. 254. RODRÍGUEZ VÍLCHEZ, E. (2019). «La terapia centrada en esquemas de Jeffrey Young». *Avances en Psicología*, 17(1), 59-74.

ble ese cambio y que, casi siempre, están íntimamente ligados al malestar emocional.

Claro, yo entiendo que eso no vende una mierda. Si en mis tarjetas de visita pusiera «Te hago ver tu propio dolor y te meto en él para que reacciones y puedas entenderte y decidir sobre él para cambiar», pues supongo que no darían muchas ganas de venir a verme. Pero es justamente eso lo que hago. A todos nos fliparía que simplemente porque nos cuenten en un vídeo de YouTube cómo es la forma de hacer las cosas fuésemos capaces de realizarlas, de abandonar nuestra zona de confort e ir hacia donde ocurre la magia y así cambiar, y de ser felices simplemente siguiendo su método superchupiguay, porque al que te lo cuenta le funcionó, porque es muy científico o porque es el que siguen los chamanes de la estepa del noroeste de la Mongolia interior, y todo este proceso fuese inocuo e indoloro.

Lo que no nos cuentan es que eso siempre implica tocar cosas que nos dan miedo o resultan costosas y la única realidad que nos mueve a enfrentarlas es de cada uno de nosotros y suele activarse al conmovernos por nuestro propio sufrimiento.

Busca tu verdad interna, tu razón íntima para cambiar las cosas que no van bien en tu vida. Sé consciente de tu dolor y pregúntate si de verdad te importa, si te estás esforzando por atenderlo (esta última suele ser la clave). No nos mola sentirlo, pero, precisamente por eso, nos da la fuerza para obrar cambios en nuestra vida.

## Todo depende de ti

Otro de los grandes mantras de la autoayuda, lo motivacional y todo este circo. Cuatro mindundis y oradores echando por tierra el famoso «Yo soy yo y mi circunstancia» de un filósofo de tomo y lomo como era Ortega y Gasset (que me parece reduccionista a veces, pero, joder, una buena parte de verdad tiene), dejando a estudiosos de la conducta y el aprendizaje como Skinner y Pavlov en dos retrasados mentales o meándose en las teorías del apego de psicólogos como Melanie Klein o Bowlby.

Ojalá fuese cierto, ojalá el niño ruandés que vive en mitad de una zona destrozada por la pobreza y la miseria, donde los señores de la guerra esclavizan y masacran a la población y puedes morirte por una simple diarrea, pudiese triunfar y ser feliz si simplemente aprendiese a ver el lado bueno de las cosas, le echase la suficiente actitud o tuviese apertura a la abundancia.

Ojalá la persona hermosa no viva en parte condicionada por su belleza. Para que no se pase la vida en «modo fácil» y para que la gente no sea capaz de ver en ella más que eso, y al final esa belleza que atrae la aleje tanto de la gente que no logren verla realmente y sea tanta barrera como la fealdad más extrema.

Ojalá todos tuviésemos la misma inteligencia, talento o agilidad para poder elegir algo que nos apasione y saber que, simplemente trabajando duro, podremos llegar en esa disciplina donde queramos.

Que la meritocracia pura y absoluta fuese una realidad y no una utopía.

Tener el control absoluto de lo que pasa en nuestras vidas es algo con lo que siempre ha fantaseado el hombre. La magia, las peticiones y promesas a las deidades o santos y ponerse tibio de sustancias desde tiempos remotos o el consumismo de productos asociados a experiencias y estatus, el positivismo científico, el postureo para creérnoslo nosotros mismos o de nuevo el consumo de sustancias, dan buena muestra de ello, pero sencillamente no es real.

No tenemos el control de todo lo que pasa en nuestras vidas; en cierto sentido, ni siquiera de nosotros mismos, incluso ni de lo que pasa en factores determinantes, de los que dependerá nuestro bienestar o malestar, por no hablar ya de la felicidad. Las cosas nos afectan, aunque seamos capaces de distanciarnos de nuestras inquietudes, como el Dalai Lama, aunque veamos más lo positivo que lo negativo, tal y como demandaba el exentrenador del Barça Van Gaal en sus ruedas de prensa, o aunque llevemos una rutina de alimentación y deporte más perfecta que Sascha Fitness. Nada de eso nos librará de la realidad más indiscutible: aquello que pasa en nuestra vida. Sería estúpido considerar que somos cien por cien autónomos e independientes y que nada de lo que acontece nos va a afectar. Ni en los sueños más húmedos de los políticos de ERC o del PNV y movimientos antiglobalización se tiene ese nivel de independencia.

Las cosas nos afectan y juegan un papel determinante, ante las cuales muchas veces solo podemos responder, y en cierto modo. Algunos de los factores que más nos influyen psicológicamente son[5]:

- *Nuestro sistema de apego*, que se establece en la infancia y que determina cómo nos vamos a vincular con otras personas y construir relaciones a lo largo de toda nuestra vida. Puede parecer una tontería, pero es el mayor predictor de enfermedad mental y malestar que se conoce (y que evidencia que las personas lo que más necesitamos es amor del sanote, y esto sí que me atrevo a decirlo hasta con una postal de Mr. Wonderful, pues es una verdad como un templo).

---

[5] Bayón, C., Liria, A. F. y Morón, M. G. «Desarrollo del *self* desde el marco de las relaciones de apego. Implicaciones en la psicopatología y proceso psicoterapéutico». https://www.masterpsicoterapia.com.

- *Factores biológicos* como la segregación de hormonas, el desarrollo de nuestro cerebro, alteraciones en los neurotransmisores, factores genéticos de riesgo o protección, nuestra propia evolución como especie.
- *Creencias y educación recibidas*, que crean determinados sesgos a la hora de interpretar la información, que nos llevan a permitirnos sentir o no determinadas emociones y experiencias, que nos hacen esclavos de muchos «debería» (ser fuerte, ser delgado, no afectarme, triunfar, hacerme cargo de todo el mundo, tenerlo todo perfecto...).
- *Sucesos determinantes* en nuestras vidas que pueden cambiar todo o marcarnos, como aquello que es traumático o ejerce una enorme influencia: enfermedad, una relación sana que nos ayuda a crecer y sentirnos valorados, encontrar algo que nos hace sentirnos especialmente bien (una afición que vivimos con locura, como bailar o la lectura, por ejemplo).
- *Contexto en su sentido ambiental*, es decir, cómo es el entorno en el que nos criamos, cómo es el nivel de riqueza y social (otro factor determinante en el bienestar psicológico), la existencia de factores de riesgo como la violencia, cuánto tiempo y recursos tenemos a nuestra disposición...
- *Familia como sistema* en el que jugamos un rol donde se nos define, en el que actuamos para cubrir determinadas necesidades, en el que se nos apoya o juzga...

Todos estos factores influyen de manera clara y tienen un peso enorme en cómo nos sentimos y la propia capacidad de enfrentarnos a las cosas que nos ocurren a lo largo de nuestra existencia. Incluso en una situación tan concreta y controlada como es lo que ocurre en un tratamiento psicológico, se sabe que el 40 por ciento de los resultados de la misma se deben a factores externos a la propia terapia[6]. Imagínate en todo lo que puede pasar en tu vida.

Tampoco creo que seamos meramente aquello que nos pasa, como seres que simplemente reaccionan a lo que ocurre en sus vidas, o que no podamos hacer nada con aquello que hay en nuestro interior, a veces difícilmente consciente por lo doloroso que es asumirlo y darnos cuenta de ello o porque parece que es nuestra «forma de ser». Durante años estudié casi todos los paradigmas de psicoterapias existentes. Cada una de las cuales ofrece una visión del ser humano diferente, y me decanté por la psicoterapia humanista, pues creo que el ser humano es algo más que lo que le pasa en su historia de vida, va más allá de su genética y bioquímica, mucho más que un conjunto de aprendizajes que simplemente adquiere, de traumas inconscientes o de las influencias de lo que ocurre en su sistema familiar, sino que es, ante todo, un ser capaz de elegir, de posicionarse ante lo que ocurre en su vida y pensar qué sentido quiere darle a eso y cómo manejarlo en función de una forma de entender la vida que es suya y válida para él, única y exclusivamente.

Con frecuencia, les cuento a mis pacientes en la consulta que la vida es una partida de póker donde no podemos elegir las cartas que nos entran, solo podemos decidir cómo jugarlas y cuánto riesgo estamos dispuestos a asumir en cada mano, qué precio somos capaces de pagar honestamente. Me gusta esta metáfora porque creo que recoge la influencia de factores externos a nosotros, pero, sobre todo, centra el foco en la actitud con la que decidimos afrontar el

[6] Asay, T. R. y Lambert, M. J. (1999). «The empirical case of the common factors in psychotherapy: Quantitative findings». En Hubble, M. A., Duncan, B. L. y Miller, S. D. (eds.), *The heart and soul of change: What works in therapy* (pp. 23-55). Washington DC: American Psychological Association.

sufrimiento y en aquello que sí podemos hacer. Citando a Viktor Frankl: «Al hombre se le puede arrebatar todo salvo una cosa: la última de las libertades humanas; la elección de la actitud personal que debe adoptar frente al destino para decidir su propio camino». O lo que es lo mismo: cuando ya no podemos cambiar la situación, no nos queda sino cambiar nosotros mismos.

Llamadme optimista e ingenuo, pero es lo que veo cada día en mis pacientes y seguiré pensando en ello hasta que la evidencia de mi práctica clínica me demuestre lo contrario.

Sin embargo, quedarnos solamente en eso, en la capacidad del ser humano para dotar de sentido una experiencia dolorosa, que el dolor lo transforme y le haga afrontarlo con otra actitud, o que encuentre el consuelo de ser consecuente consigo mismo y, aunque todo salga mal, saber que murió con las botas puestas e hizo lo que estaba en su mano no solo es dejar fuera de la ecuación elementos muy importantes, sino también transmitir a la gente que si las cosas en su vida le van mal o está sufriendo, es culpa única y exclusivamente suya.

Otro mito del «pensamiento positivo» que ayuda a que la gente se sienta como la mierda cuando las cosas le vienen mal dadas. Otro enfoque reduccionista que fomenta que, cuando alguien sufre, en vez de empatizar con él y darle consuelo y compasión humana, le brindemos un «no lo estás haciendo bien» o «estás mal por cómo lo afrontas». Suma y sigue.

## La receta mágica

Esta mentira no es que me flipe, pero cuando la leo u oigo por ahí, pienso: «Como sea verdad que jodidamente hago mal las cosas en consulta... Animalicos mis pacientes. Estoy gilipollas perdido».

Algo así deben de sentir en sus tumbas todos los filósofos, religiosos, farmacéuticos, hechiceros y chamanes, artistas, pensadores, pensadores políticos, psiquiatras, psicólogos, antropólogos, genetistas y demás peña que ha intentado encontrar explicaciones a respuestas complejas que nos atormentan a todos los seres humanos desde que el hombre es hombre. Y esa gente escribió y leyó y pensó mucho, ¿eh?

Marcando las diferencias con todos estos *cracks*, creo que si juntase todos los tomos que me he leído sobre psicología y temas afines, si se transcribieran en libros todas mis conversaciones sobre el tema con pacientes, colegas profesionales y personas con las que he hablado del tema (incluso esas conversaciones filosóficas cuando vas ciego de cubatas con un amigo) y se imprimiesen todas las páginas serias que he leído de Internet sobre el tema, como *Psyciencia* o *Ethic*, llenaría las estanterías de una habitación.

A lo que habría que añadir mensajes potentes que he consumido y reflexionado a pesar de ser expresados en formas aparentemente sencillas y artísticas: los grafitis de Banski; películas como *El indomable Will Hunting*, *El Club de la Lucha*, *Cadena perpetua*, *Ruby Sparks* y *Hombres de honor*; novelas como *El maestro de esgrima*, la saga de *El capitán Alatriste*, *El manantial*, *Cuerpos y almas*, *La cura Schopenhauer*, *El abogado del Diablo*, *El mapa y el territorio* y *Un mundo feliz*; las canciones del Chojin, Nach, Silvio Rodríguez, Camarón, María Dolores Pradera, Niños Mutantes, Los Secretos y un sinfín más.

También de lo que aprendí con los ejemplos, con el testimonio vivo de personas que conocí o que observé y que me enseñaron tanto con sus aciertos como con sus errores, con lo que me dijeron hablando o simplemente viviéndolo en sus vidas.

Ambos párrafos anteriores seguro que dan para otras cuantas estanterías. Pues bien, juntando todo ese conocimiento, no tengo una receta exacta e infalible, aplicable a todo dios, que te haga invulnerable al sufrimiento, pero seguro que el fulano que habla categóricamente y que explica en una imagen de Instagram, una charla TED o un libro de autoayuda de apenas 256 páginas (sí, son las de este libro precisamente) ha dado en el puto clavo y todo era cuestión de eso que dice exactamente. Sin letra pequeña, margen de duda ni excepciones.

Supongo que te estarás preguntado de qué coño te hablo concretamente... Me refiero a que, aunque cambie el nombre de la práctica o técnica (muchas veces, por mera moda o *marketing*), hay «algo» que, si lo aplicaras, haría que todo en tu vida funcionase y fueses enormemente feliz todo el rato, cero por ciento de *bad vibes*, sin conflictos internos ni penica.

Una verdadera llave a la felicidad que está ahí, esperando simplemente a que aprendas a dominarla.

La inteligencia emocional, la autoestima, aprender a perdonar, el *mindfulness*, la actividad física y conductual, lograr incrementar la dopamina, la oxitocina y/o la serotonina, el cuenco tibetano, la alimentación según no sé qué criterio (ayuno intermitente, veganismo, *real food*, dieta alcalina...), el desapego, la autocompasión o *self-kindness*, los sesgos cognitivos, el cambio de creencias limitantes, saber descifrar el eneagrama, la hipnosis regresiva, el triptófano, las constelaciones familiares, ver las cosas de forma positiva, los despertares gracias a la ayahuasca, salir de la zona de confort, la espiritualidad según tal gurú o religión, las flores de Bach y un sinfín más de cosas. Algunas te sonarán; otras pasaron de moda y ya no se oyen o tú ni te enteraste de su existencia porque tuvieron éxito en otros países. Muchas, además, son defendidas por profesionales sanitarios o vienen de la misma psicología; otras provienen de aportaciones del mundo de la filosofía, la espiritualidad, tradiciones ancestrales, el arte o vaya usted a saber de dónde mierda vino eso o qué fumaba el tío que lo inventó. He de reconocer que de esa lista aplico en consulta varias de ellas o conozco excelentes profesionales que lo hacen de forma exitosa. Otras me parecen poco más que estiércol porque suelen ser ineficaces (y, por lo tanto, estafas), cuando no resultan dañinas. De otras cuantas no sé qué mierda pensar, pues no las conozco en profundidad o por lo que sé, y a la vista de sus resultados, hacen que no tenga una postura clara.

¿El problema entonces? Pues, para empezar, que todas no pueden ser ciertas. Si hubiese una puta fórmula para la felicidad, hace tiempo que hubiese echado por tierra las demás. Por ejemplo, cuando se descubrieron los antibióticos, que funcionan del carajo, la penicilina borró del mapa a casi la totalidad de los otros tratamientos existentes en aquella época. El bienestar psicológico, vivir una vida plena y con sentido, es algo increíblemente complejo como para que una sola cosa sea capaz de darnos todas las respuestas, sin duda alguna, por muy potente que sea.

Como ya te comenté, el gran Abraham Maslow decía: «Si solo tengo un martillo, creeré que todos mis problemas son un clavo». Y esa es la razón por la que mucha gente da respuestas a todo desde una única cosa. También porque esto, a su vez, es una industria y un negocio, y cuanto más aplicable sea un método, más ventas harás, ya sean sesiones de psicoterapia/*coaching*/lo que sea, cursos *online*, libros de autoayuda, seminarios de fin de semana…

Sí creo que la felicidad es algo que se puede conseguir aplicando varias ideas sencillas, que te expongo en la segunda parte de este libro (cuando haya acabado de criticar y poner a caldo, que es algo que me encanta), básicamente: ser honesto contigo mismo, encarar el dolor y escucharlo; elegir, ante lo que pasa en tu vida, lo que tú quieres; olvidarte de la forma correcta de hacer las cosas y encontrar la tuya, priorizar tu dolor y responsabilizarte de él, asumir el precio a pagar y acompañarte en lo que te pasa, aunque sean sentimientos dolorosos y desagradables. Sencillo, ¿no? Los cojones. No a nivel conceptual o filosófico, sino, sobre todo, a nivel de hacerlo y vivirlo, porque no es difícil, pero, a diferencia de las fórmulas de la autoayuda y la psicología comercial de cartón piedra, es terriblemente duro, pues implica entender que el dolor forma parte de la vida, que no se puede ganar siempre y hay que renunciar y que somos vulnerables. Observa, además, que no tiene forma de técnica o hábito, sino que se trata de una manera de estar y posicionarnos frente a la vida y a nosotros mismos.

Por eso creo poco en estas verdades reveladas que se pueden exponer en su totalidad a través de un libro, *podcast* o vídeo motivacional. Hay cosas que ayudan, que contienen verdades incluso, pero eso no te hará feliz las veinticuatro horas del día como un Teletubbie.

## La felicidad es cuestión de hábitos

Tuve dudas sobre si tratar este tema en el epígrafe anterior, el de la fórmula secreta, pero al final me decanté por ponerlo aparte; en primer lugar, porque tiene ciertas diferencias con los anteriores, suelen ser menos «vendemotos», ya que habitualmente provienen de la psicología conductista, la que tiene mayor evidencia científica y, en gran medida, porque ha hecho un notorio esfuerzo para desarrollar una metodología con la que obtener conocimiento empírico en psicología, algo que, como pude comprobar en mi año de ayudante de investigación en el Departamento de Psicofisiología Clínica de la Universidad de Granada con el gran Jaime Vila Castelar, no es nada, pero nada, sencillo.

Así que los trato por separado intentando hacer justicia (yo no soy psicólogo conductista, pero si tienen evidencia empírica, la tienen, sean de mi corriente o no), para exponer mi punto de vista y justificar mis razones para «criticar» estos hábitos; aunque sé que, por hacerlo, muchos colegas de profesión me van a criticar enormemente o descalificar todo lo que digo porque difiramos en una parte. Lógicamente, como todo este libro, esto es solo mi opinión y, como los culos, todos tenemos una, pero la ciencia es ciencia, opine yo lo que opine.

¿Cuál es el problema entonces? Pues, de nuevo, coger algo interesante y reducirlo al absurdo, hablar en términos absolutos, no tener en cuenta la validez ecológica de lo obtenido (es decir, cómo de aplicables son los resultados de una investigación en la «vida real», donde todo no está tan controlado ni es ideal y se implementa como buenamente se puede), encasquetarlo a cuantos entran por la puerta sin el análisis adecuado de la realidad, las particularidades y la problemática de cada cual únicamente porque es «científico». Vamos, hacer una intervención de copiar y pegar.

Como cualquier profesional sanitario sabe, aunque nos apoyemos en investigaciones científicas, uno de sus requisitos esenciales es que sean «universales» y «estandarizadas», es decir, que se las pueda aplicar por igual a todos los pacientes. Sin embargo, como les recalcaba a mis alumnos del máster de Psicología General Sanitaria en Madrid, antes de buscar la solución para el paciente, hay que ver cómo funciona ese paciente en concreto, porque el problema puede ser el mismo, pero la persona que lo padece no. Eso precisamente, ese ojo clínico, capacidad de análisis y espíritu crítico, junto con la empatía y el manejo de la relación con el paciente, es lo que hace a un sanitario alcanzar la excelencia frente al mediocre, quien solo sabe aplicar el protocolo.

Determinados tipos de hábitos ayudan al bienestar de las personas, y quienes los practican frecuentemente suelen reportar un buen estado de ánimo, tener menos estrés, darles menos vueltas a las cosas o dormir mejor. Que no es poco.

Pero la felicidad no puede reducirse a unas cuantas rutinas, por muy positivas que sean. ¿Acaso un karateca experto, que cumple a diario hábitos como meditar, hacer deporte, respirar con el diafragma y centrarse en el aquí y el ahora, no puede tener una depresión o, simplemente, sentir que lleva una vida poco plena? ¿Y la modelo profesional que cuida al máximo su alimentación de forma sana y responsable, viaja a menudo, hace yoga y está en contacto con su propio cuerpo? ¿Y un ejecutivo emprendedor que sale de su zona de confort a diario, que se ilusiona con el proyecto que decide empezar, que no se conforma con cualquier cosa y confía en sí mismo y en sus capacidades para salir adelante? Estas personas siguen todos esos hábitos de los que se habla tanto en Internet (en gran parte porque su profesión o modo de vida se los facilita), pero pueden ser tan infelices como cualquiera de quienes no los seguimos. De hecho, no sé de investigaciones (aunque, lógicamente, tampoco me las leo todas) que digan que esas personas experimenten una felicidad real, se sientan plenas y en paz consigo mismas. ¿Entonces? Pues eso se debe a que la felicidad auténtica, la real, más allá de una sensación de bienestar relativamente superficial o de menor sintomatología psicopatológica (que es la única que sabemos medir «científicamente» a día de hoy), es algo mucho más complicado que hacer X cosas en nuestra vida. También, a que los hábitos son una herramienta y, como pasa con todas, el resultado depende de cómo la manejas. Muchas de estas cosas son muy sanas, pero pueden ser negativas si te obsesionas con ellas y te vuelves dependiente, si las utilizas para tapar o escapar de emociones, las llevas al terreno de la autoexigencia excesiva o depositas tu autoestima en ellas.

En consulta he tenido pacientes para los que practicar el perdón ha sido su forma de no tener que pelear por el miedo al conflicto y porque eran personas con un problema de culpa exacerbada. He tenido pacientes que pintaban mandalas con conciencia plena para evitar mirar su tristeza. He tenido pacientes que hacían deporte y comían sano hasta el punto de llevarlo a lo obsesivo y a una autoexigencia cruel. He tenido pacientes que se han forzado a ver lo positivo de su vida para no asumir que eran infelices en su relación de pareja.

Porque en psicología (y creo que en la vida, en general) las cosas no son lo que hacemos, sino, en gran medida, desde dónde lo hacemos.

Con todo, y en términos generales, creo que practicar la autocompasión, el *mindfulness*, hacer deporte, cuidar nuestra alimentación, tener pequeños proyectos personales que nos den vidilla, sacar tiempo para hacer actividades que disfrutamos, hablar de forma profunda y sincera con seres queridos o dormir las horas que necesitamos son hábitos muy muy saludables y beneficiosos para sentirnos bien, los cuales te recomiendo encarecidamente practicar.

Estas son cosas que sí creo que dan la felicidad: tomar decisiones difíciles, aunque honestas con lo que sentimos y pensamos; no ser muy duros con nosotros mismos, pero sin eludir responsabilidades; asumir riesgos por tratarnos bien y acompañarnos en lo que nos pasa, sea bueno o malo; no huir de nuestros sentimientos, crear buenas relaciones humanas, saber diferenciar lo importante de lo accesorio (aunque a veces sea urgente), lo que necesitamos de lo que deseamos; y ser fieles a nosotros mismos. Pero eso no es algo fácilmente investigable ni, por supuesto, sencillo de explicar en un vídeo de YouTube de menos de una hora o de mostrar en redes sociales cuando queremos posturear de lo felices o profundos que logramos ser.

### Productividad y consumismo emocional

Creo que otro de los problemas es que queremos tratar la vida (cómo nos sentimos, las emociones, la relación con nosotros mismos o las grandes preguntas de la existencia) de la misma forma que hacemos con una falda o una aplicación del móvil. Queremos estar siempre sintiéndonos alegres, excitados, activos, y que estas sensaciones vengan porque las queremos sentir, porque hacemos algo que las provoquen, y no como resultado de cómo vivimos la vida y nos posicionamos ante ella. Queremos que sea tan fácil como meternos en Amazon y comprar una dosis de «ilusión» y que al día siguiente nos llegue a casa, lista para consumir y sentir. Que algo de fuera, externo a mí, haga que yo me sienta bien, ya sean pastillas, actividades, hábitos, pensamiento positivo... Y esta mentalidad, que nos resulta muy útil en otros ámbitos, no solo no funciona en este, sino que, además, nos hace pasarlo realmente mal.

Por un lado, está esta mentalidad de que todos los días tienen que ser «productivos emocionalmente», todos los días tienen que aportar porque si no, son días perdidos y malgastados en tu vida, así que debes tener mogollón de experiencias, cosas, prácticas, vivencias o hábitos que te ayuden a sumar o a sentir siempre algo agradable. Así entramos en una vorágine de querer simplemente «consumirlas», que sean de usar y tirar, algo que me hace sentir bien, me da un chute de endorfinas; lo fotografío, lo subo a las redes, obtengo la aprobación y envidia de un montón de gente que le da un *like* y aparento que mi vida es genial. *Supercalifragilisticoespialidoso.*

Ojalá te esforzases en tu vida por ser feliz de verdad como lo haces por rellenar los momentos con cosas agradables y subirlo a tus redes sociales.

Acumulamos así viajes, fotos y vídeos de nuestros momentos de ocio, *matches* de Tinder, amigos de Facebook, seguidores de Instagram, experiencias que hemos tenido, restaurantes que hemos visitado... Y todo eso se parece mucho a la comida basura, ya que aparentemente es suculento y al saborearlo en el momento está bueno, pero luego no nos nutre o nos hace sentir indigestos. Así que, siguiendo esta lógica consumista aplicada como filosofía de vida, tenemos que buscar una nueva dosis, que volver a «comprar» algo llamativo, bonito y que nos haga sentir bien un rato. Una vida de momentos supuestamente intensos, agradables, pero de usar y tirar.

Recuerdo que, ligando con una chica en Madrid, en una de esas conversaciones de ver quién mola más que se tienen a veces en el ritual del cortejo, me preguntó qué había yo hecho nuevo últimamente. No supe qué decirle, ya que yo soy un tío muy amante de mis rutinas y de perder el tiempo. Tampoco soy de posturear mucho ni tengo aficiones espectaculares. Aparte de no comerme un colín esa noche, me fui a casa pensando en aquello, en si mi vida era aburrida o la estaba tirando... Al día siguiente decidí empezar a hacer algo nuevo al menos una vez al mes. Para que no se me fuera la olla, me dije que podían ser pequeñas cosas, así que hubo de todo: empezar un blog, beber cerveza china, bañarme en la playa en invierno, salir de fiesta por Toledo... No suena nada mal, ¿verdad? Es cierto que tuvo cosas guais, pero ahora, escribiéndolo, me ha costado más recordar qué hice nuevo o cómo lo disfruté que el agobio que tenía todos los meses pensando qué coño iba a hacer y que si no lo hacía, habría «tirado» ese mes.

Entiendo que para otra persona puede ser una excelente idea, pero para mí se convirtió en obligación algo que debe salir de manera natural; me hizo sentir que no estaba disfrutando de mi vida en Madrid, que no exprimía todo lo novedoso y fascinante que podía ofrecerme por no hacer cosas nuevas a pesar de que vivía con dos de mis mejores amigos, con los que compartía cosas excelentes o estaba estudiando un máster que me apasionaba y que cambió mi forma de entender una de mis grandes pasiones, la psicoterapia. Estas cosas, aunque importantes, no tenían picos de alegría porque eran cosas cotidianas (bueno, cuando me descojonaba con Joaco, Montes, Vic o Andrés, sí, hablando de cualquier gilipollez en calzoncillos en el salón, pero no era una imagen muy *cool*) e incluso, a veces, aburridas y hasta desagradables, como hacer trabajos para el máster, realizar la compra semanal con Vic basada en *pizzas*, cocacola y ron Almirante en Mercadona o tirarme un día para traducir un puto artículo científico en inglés. Ahora, sin embargo, cuando escribo estas líneas, no puedo más que emocionarme y sonreír.

Cuento esto porque no creo que esté mal querer sentir cosas agradables o tener una vida rica de experiencias, pero nos hace a veces alejarnos de lo realmente importante, de cosas que nos llenan pero que no dan esos «subidones» ni son tan mostrables, como pasar tiempo con esa persona mayor a la que apreciamos, tomarnos un café leyendo un libro, echarnos la siesta, bailar una canción en casa y disfrutarlo tanto que no tengamos que mostrárselo a nadie porque ya lo estamos gozando cosa bárbara nosotros mismos.

La calidad de la vida no se mide por el número de experiencias, logros, subidones o medidas altas de dopamina, sino porque su cómputo general sea consecuente con aquello que tú querías vivir, diste y recibiste amor, estabas en paz contigo mismo o fuiste consecuente con tus sentimientos y forma de ver la vida.

Otra cosa que se nos plantea es el hecho de que, al igual que nuestra vida siempre tiene que ser más y mejor, también tenemos que serlo nosotros. Tu valor ya no depende de tu condición humana, ni de si eres buena o mala persona. Tu autoestima no debe estar vinculada a si eres honesto y consecuente contigo mismo, te esfuerzas por ser libre, luchas por ti o lo que quieres y te tratas bien. Ahora todo depende de que mejores. Pero no en alcanzar más cotas de lo dicho anteriormente, sino en que mejores en habilidades, en aspecto físico, en actitud positiva, claro, en que tengas un talento que mostrar a todo el mundo. Mostrarlo es muy importante, ¿eh?

Se da así lo que los psicólogos llamamos «autoestima basada en el logro», que no es otra cosa que sentirnos bien por aquello que sabemos hacer o que tenemos. «Tanto sabes hacer/tienes» es igual a «tanto vales» si lo expresamos en forma de fórmula matemática. Y esto es un mierdón, porque cosifica a la persona, ya que el amor por uno mismo debe ser incondicional y más allá de si somos buenos o malos en algo. Además, las personas con autoestima basada en el logro suelen ser terriblemente dependientes de los resultados o la aprobación de otros[7].

Aunque este concepto de la autoestima como «autoevaluación» se ha popularizado mucho, incluso suele ser el más extendido entre los psicólogos profesionales a día de hoy (pese a que muchas de las grandes figuras pensantes de la psicología hablaron abiertamente en contra de estas ideas[8]), parece ser

---

[7] CROCKER, J. y PARK, L. (2004). «The Costly Pursuit of Self-Esteem». *Psychological Bulletin*, 130(3), 392-414.

[8] PERL, F. (1987). *Sueños y existencia: Terapia gestáltica.* Cuatro vientos. ELLIS, A. (2005). *The Myth of Self-esteem: How Rational Emotive Behavior Therapy Can Change Your Life Forever.* Prometheus.

que los tratamientos basados en esa visión no han sido muy efectivos[9]. Me gusta especialmente la crítica que realiza Albert Ellis, uno de los más beligerantes con esta visión de la autoestima: «autoaceptación» quiere decir que la persona se acepta a sí misma plenamente y sin condiciones, tanto si se comporta como si no se comporta inteligente, correcta o competentemente, y tanto si los demás le conceden como si no le conceden su aprobación, su respeto y su amor». Ellis, en lugar de la propia aceptación de su existencia, planteó la irracionalidad imperante en la propia autoevaluación así: «Como existo, prefiero seguir vivo y, mientras lo esté, prefiero ser feliz».

De este modo, en consulta, trato de aplicar mejor la idea de amor propio que proponía Abraham Maslow, planteando la autoestima en términos de congruencia y autorrealización personal, no de autovalía. Por desgracia el positivismo y el discurso social, en general, no comparten esta visión del asunto, así que mejorar se ha convertido casi en un imperativo moral. No es algo que puedas elegir hacer si tú consideras que te apetece y merece la pena el esfuerzo que implica, es algo que tienes que hacer por cojones, ya que de lo contrario no valdrás nada.

Cuando publico en mis redes sociales profesionales imágenes con mensajes, entradas en mi blog o vídeos que platean esto, que no tenemos por qué estar obligados a mejorar, que tenemos todo el derecho a quedarnos en la famosa «zona de confort» (e incluso de ponerle un buen sofá para repanchingarnos en ella y hacerla más cómoda si nos apetece, si necesitamos descansar o porque eso nos hace felices), suelen aparecer comentarios, sobre todo de menores de

---

Maslow, A. H. (1973). *Dominance, Self-Esteem, Self-Actualization: Germinal Papers of A. H. Maslow*. Brooks/Cole Pub. Co.

[9] Neff, K. (2012). *Sé amable contigo mismo. El arte de la compasión hacia uno mismo*. Paidós Divulgación.

cuarenta años, que aseguran que eso es ser un «fracasado» o «de perdedores». Recuerdo a una chica que me dijo, literalmente, que «eso sería tener una vida mediocre. Es como decirle a un obeso diabético que siga comiendo en exceso y mal en vez de que se esfuerce por mejorar su salud». ¿Y por qué no podemos elegir una vida supuestamente mediocre si nos hace felices? ¿Por qué el bienestar de una persona tiene que ser dependiente de mejorar en sus habilidades, aspecto físico o posición social de la misma manera que un drogadicto necesita su dosis para sentirse bien? Aunar o considerar sinónimos términos como «mejorar» o «logros» y salud, felicidad, valor o bienestar me parece escalofriante.

Mejorar se ha convertido en un fin en sí mismo, sin importar para qué lo hacemos, ya que nuestra valía como personas depende de ello. Leo y oigo hablar mucho de mejorar en habilidades o en la vida o en cualidades, pero muy poco sobre para qué queremos hacerlo. «Sé la mejor versión de ti», dicen. ¿Cuál es la mejor versión, me pregunto, la que hace más cosas, la más atractiva y que puede lucirse más o la más feliz y que mejor se trata a sí misma?

Japón, un país que ha llevado esto aún más lejos que nosotros a través de la filosofía Kaizen, que podemos traducir como «filosofía de la mejora continua», pasó su tendencia a la búsqueda de la excelencia en lo laboral o en determinadas prácticas tradicionales (caligrafía, ceremonia del té, corte del *sushi*...) a todas las variables de las personas. Entrar en una universidad de prestigio, cantar bien en el karaoke, lucir a la moda o tener un puesto de trabajo bien remunerado son los ejes claves en las relaciones humanas de los japoneses. Esto ha tenido buenas y malas consecuencias, como bien demuestran la excelencia de sus productos, que venden a todo el mundo, sus elevados salarios o sus altos resultados en los informes educativos PISA, que revelan el nivel de cada país, pero también por ser la nación con mayor índice de suicidios del mundo[10]. Problemas de salud mental, en especial depresión y ansiedad. Otras consecuencias más allá del dato es observar cómo poseen una industria pornográfica exacerbada y bizarra, a la vez que se da el fenómeno de que muchos jóvenes masculinos sienten presión por no ser válidos a ojos del sexo opuesto, prefiriendo renunciar a tener relaciones sexuales y optando por mantenerse vírgenes para no tener que pasar por el examen evaluativo de la chica, ante el miedo a no ser suficientemente válidos o a que tengan una enfermedad que, hasta hace poco, solo existía allí, llamada *hikikamori*, que afecta a jóvenes que deciden encerrarse en su habitación y no salir de ella de por vida para huir de las exigencias de su sociedad.

Esa «mejor versión de ti» se ha convertido en la zanahoria que le ponen delante al caballo para que avance y se esfuerce y a la que nunca llegará, porque siempre hay algo en lo que podemos mejorar, algo nuevo y fascinante que podríamos hacer o una nueva moda que nos mostrarán los blogueros, *youtubers*, artículos de revistas de tendencias (en especial, las dirigidas a público femenino, aunque ya no en exclusiva) y demás medios que necesitan continuamente crear estas cosas porque si no, se quedarían sin contenido del que hablar. Gastarás toda tu vida en alcanzar algo que nunca llega; a pesar de tus esfuerzos, nunca te sentirás plenamente satisfecho contigo mismo o, incluso si lo petas muchísimo y eres la envidia de todos, estarás cansadísimo o el tiempo que le dedicas a toda esa espiral de superación que te has metido y en la que inviertes tu vida habrá sido a costa de otras cosas que quizás no eran mejoras pero sí importantes, como relaciones, sentimientos, descanso, disfrutar o cualquier mierda que puede ser trascendente para ti aunque no sea para «mejorar».

---

[10] Organización Mundial de la Salud (2014). *Atlas de salud mental*. Ciudad de la Salud, Texas.

No tengo problema en que quieras mejorar movidas en tu vida. Y no tiene por qué ser por grandes motivaciones profundas ni metafísicas, me vale que te quieras poner buenorro, ganar más pasta, ascender en el trabajo, follar más, que te miren con envidia o hasta fardar, pero sí me parece negativo que tu bienestar dependa de ello, porque entonces dejas de elegirlo y te vuelves esclavo.

También que lo hagas analizándolo, si lo deseas realmente o lo haces por otra cosa, siendo consciente de tus circunstancias, del cansancio que llevas acumulado, del tiempo que vas a invertir en eso para descuidar otras cosas o de en cuántos objetivos te estás metiendo y si puedes con todos ellos, ya que, si no, lo más probable es que no lo consigas, que te autosabotees y acabes sintiéndote fatal por ello, lleno de fracaso, vergüenza y culpa por no «mejorar».

¿Te has dado cuenta de cuántas veces estos mensajes del pensamiento positivo y la autoayuda nos llevan a sentimientos de culpa?

A mi entender, y a modo de resumen, tras revisar algunos de los «grandes éxitos» de la autoayuda:

- No todo lo que pasa en nuestra vida depende de nosotros ni de la actitud con la que lo afrontemos.
- Las cosas son como son y nos afectan, solamente podemos decidir cómo posicionarnos ante ellas (pero eso no las cambia ni las hace indoloras).
- El cambio es un proceso costoso, que requiere de una motivación que suele venir como respuesta al dolor emocional más que porque sepamos que algo es bueno o positivo.
- Ni la vida ni tú mismo sois un producto de consumo que siempre tenga que mejorar o ser agradable.
- La felicidad no es algo sencillo, reducible, fruto de unos hábitos o de una receta infalible.

# PARTE II

## Alternativa al postureo actitudinal positivo (o cómo tratarte con decencia en vez de hacer el gilipollas)

Inicialmente, he de confesar que no tenía mucha intención de escribir esta segunda parte, me bastaba con gritar mi indignación, con alzar mi voz para reclamar respeto y empatía con quienes estaban sufriendo y con cagarme en tanto dibujito cuqui con tonos pastel. Explicar por qué, desde las grandes corrientes psicológicas, la mayoría de los mantras que se repiten por parte de quienes tienen este enfoque son falsos, señalar cómo se habían cogido verdades o teorías respetables para simplificarlas y convertirlas en parodias de las mismas. He intentado hacerlo desde los aportes de las cuatro grandes corrientes psicológicas para dar la visión más completa y rica posible.

También, lógicamente, he dado mi visión del asunto. Porque es mi libro y no trata de ser una verdad revelada, ni un manual de psicoterapia para profesionales, sino simplemente algo divulgativo, y creo que mi opinión y otras que he recogido pueden ayudarte a reflexionar y hacerte preguntas, a ver otra alternativa al dogma *super happy* imperante y a que luego saques tus propias conclusiones.

Como digo, me bastaba con la catarsis de soltarlo todo, con permitir que emergiera mi rabia adaptativa primaria que, indignada, clamaba para proteger un mundo apasionante, el del cambio y la ayuda a las personas, el del entendimiento del ser humano ante la mamarrachez, el postureo y el simplismo más absoluto. Juro que escribo estas líneas satisfecho y más relajado, con la sensación de haber hecho algo que necesitaba y quería.

Tal y como dicen en un episodio de *La hora chanante* esos genios del humor que son Ernesto Sevilla, Julio Reyes, Raúl Cimas o Julián López, con quienes tantas veces me he partido el culo, «criticar es fácil y no compromete», así que me iba perfecto. Sin embargo, hablando con JD Romero, amigo y persona de mi confianza, experto en *marketing* que me lleva los temas de comunicación, diseño y redes sociales, hizo de mi conciencia (o de mi superyó) y me comentó que no valía simplemente con que despotricara contra todo por mucha razón que llevase (él, pobretico mío, tiene en cuenta mi criterio), sino que debía ofrecer una respuesta, una alternativa, tratar de ayudar a las personas que han confiado en todos estos mensajes con buena intención y se han encontrado con esta bazofia cursi, juzgadora y cobarde que se oculta tras la apariencia de las neurociencias, personalidades deslumbrantes y lo naíf.

Me quedé pensativo, pues me acojonaba, ya que no estoy acostumbrado a escribir de forma divulgativa en formatos largos, ya hecho a mi blog y conferencias de una hora. También, porque ofrecer una alternativa suponía un reto y un riesgo para mí, ya que no quería pecar de aquello que criticaba y me parece extremadamente complejo tratar de plasmar lo que se hace en una terapia (que, sobre todo, es un proceso emocional) a través de unas pocas páginas impresas y hacerlo mediante un formato entendible y que no fuese un ladrillazo para personas «normales» como tú (lo pongo entre comillas porque todos estamos fatal de lo nuestro y porque me refiero a no profesionales de la psicología).

¿Cómo dar unas pautas o guías a cualquier tipo de persona, a un «lector promedio», sin caer en el reduccionismo, en el «todos por igual», los hábitos simples o respuestas sencillas que tanto critico?

Reconozco que también me da cierto miedo el hecho de que, al existir diferentes enfoques de psicoterapia, sé bien que no sería difícil aunar el criterio de mis colegas profesionales encontrando razones comunes para ir en contra del postureo actitudinal positivista, pero, a la hora de ofrecer una alternativa, muchos psicólogos de otras orientaciones criticarán y, sobre todo, despreciarán en bloque todo lo que afirme.

Sin embargo, me vino a la cabeza Fritz Perls y su frase «Detrás de toda queja existe un no asumir la propia responsabilidad» y recordé que, si me quejo del mensaje de mierda que da toda la autoayuda positivista, tengo que currar y ofrecer un mensaje que considero más fidedigno y desde el que trato de ayudar a mis pacientes a que aprendan a verse para comprenderse y elegir cómo quieren cambiar sus vidas.

No obstante, quiero pedirte que, cuando leas esta parte, entiendas que no todo tiene por qué ser válido para ti y, sobre todo, que tienes que buscar la forma de «hacer tuyo» este mensaje. Aquí doy unas ideas muy generales, pero solo tú, como experto que eres en ti mismo (yo puedo saber cosas sobre psicoterapia, pero tú eres el único que conoce realmente cómo eres, porque solo tú has vivido tu vida y solo tú estás en tu cuerpo para saber qué sientes y cómo), eres quien debe asumir la responsabilidad de ver cómo se aplicarían estas ideas en tu caso concreto y en tu forma de entender y querer vivir la vida.

# 5

# Fóllate la vida

> «Que ser valiente no salga tan caro; que ser cobarde no valga la pena».
>
> Joaquín Sabina y Chavela Vargas
> (cantautor y cantante de rancheras, respectivamente)

## El dolor forma parte de la vida

Hemos de entender que el malestar forma parte intrínseca del hecho de estar vivos. En la brutal serie de Netflix *El método Kominsky* (que, si no has visto, te recomiendo enormemente), se muestra cómo el dolor, el miedo y lo desagradable es una consecuencia del mero hecho de vivir, amar o hacer cualquier cosa. En ella se ve cómo los dos personajes principales, que empiezan a ser ancianos, deben confrontar el miedo a iniciar nuevas relaciones a edades avanzadas, aceptar las muertes de amigos, asumir el deterioro de sus cuerpos y que ya no son capaces de rendir o aguantar como antes en casi ningún aspecto de la vida. El mundo, por tanto, es un lugar más amenazante, hostil, donde, además, parece que la vejez es ignorada, cuando no directamente repudiada. Ante todo esto, tienen dos opciones: protegerse de ello encerrándose en una vejez gris, que es poco más que una muerte en vida, o asumir el dolor consecuente de una vida vivida. Aceptar ese dolor, el de las pérdidas, el de los hechos negativos, de las dificultades que aparecen en la vida y de las emociones desagradables, es el precio que tienes que pagar por vivir la vida de verdad y, sobre todo, por elegir cómo quieres vivirla. Si no te expones a la parte desagradable de la vida (aparte de que eso es inevitable, porque nunca puedes huir de todo, y mucho de menos de ti mismo, tus pensamientos y tus sentimientos), te estás perdiendo una parte fundamental de ella, que muchas veces es la que nos ayuda a dotar de sentido a las demás (ya que el proceso de darle sentido a la vida no es algo que la vida haga, sino que tú haces al elegir cómo quieres posicionarte al sentir las cosas que te ocurren).

Volviéndome más pijotero y academicista, Schopenhauer creía que el dolor surge de la creencia errónea de que muchas de las situaciones adversas que vivimos son evitables. Nos tortura no tanto el dolor, sino el pensar que podríamos haberlo evitado; sin embargo, el dolor es inevitable, ineludible, propio de la vida, forma parte de ella, «que nada salvo la mera forma en que se manifiesta depende del azar y que nuestro sufrimiento presente llena un espacio..., el cual, si no existiera, sería ocupado por otro sufrimiento. Si semejante reflexión hubiera de derivar en una sólida convicción, tal vez produciría un grado considerable de ecuanimidad estoica».

Si bien es cierto que muchas de las cosas que nos causan dolor sí podemos evitarlas y es normal que nos preocupemos por ello e intentemos hacerlo (por mucho que jamás podremos evitarlas todas), no es menos cierto que nuestra sociedad ha convertido el hecho de estar mal o padecer en algo terrible, de forma que nos hemos vuelto mucho más reactivos al mismo, siendo a veces peor la manera en la que nos posicionamos ante el dolor o los muchos quebraderos en los que entramos para tratar de evitarlo (algo que es uno de los grandes factores de la ansiedad) que el propio dolor en sí. Así que, por evitar el dolor, nos perdemos muchas veces la vida que ocurre únicamente en el *aquí* y el *ahora* (aunque este término se ha banalizado tanto que a veces me pregunto si sigue teniendo sentido referirlo) y nos convertimos en «viajeros mentales del tiempo», pensando en todo aquello que puede pasar para tratar de prevenirlo o fantaseando con aquello que ocurrió y que podríamos haber evitado si hubiésemos hecho tal o cual cosa.

Esto lleva muchas veces a una vida no vivida, en la que nunca vivimos en el presente, en la que tratamos de adulterar nuestras emociones para evitar sentir las desagradables, o ante el temor a que salga mal y nos duela no asumimos el riesgo de hacer aquello que en el fondo elegiríamos de corazón.

Pero para poder tomar esa posición ante nuestra propia existencia, para poder asumir la responsabilidad de elegir libre y honestamente en nuestra vida, uno de los grandes obstáculos es el miedo al rechazo, a ser juzgados y reprobados por otros. Aquí el nuevo dogma positivo que trata de cenizo a cualquiera que no esté siempre con una estúpida sonrisa grabada en la cara juega un papel atroz, ya que ser honesto con nuestros sentimientos desagradables, con reacciones a un dolor fruto de estar vivos y con tomar decisiones (que, lógicamente, no siempre salen como queremos) puede convertirnos en seres apestados y tóxicos, y eso nos da tanto miedo que pone muy difícil tener el coraje de vivir la vida plenamente.

Así, tenemos a jóvenes que deciden ser ninis para no asumir el riesgo de intentarlo y fracasar, escondidos en un mundo de porros o videojuegos. A niños que son privados de su derecho a despedirse de sus abuelos en el hospital o en el cementerio para protegerlos de ver la frialdad de la muerte. A adultos incapaces de comprometerse emocionalmente, que se alejan en cuanto una relación empieza a volverse significativa y se puede sufrir por el otro. A ancianos agarrotados que no se mueven, ni salen ni hacen nada para evitar el dolor de sus cuerpos gastados o por el miedo a contraer una enfermedad y que viven atados a sus pastillas para el dolor, para dormir, para enfrentar la ansiedad o la soledad que no quieren reconocer. A personas que se relacionan con otras y se muestran en la superficialidad y seguridad de las redes sociales, donde pueden controlar qué muestran de sí y donde nada tiene un calado real, donde decir «me gustas» no implica riesgo alguno porque no lo haces delante de la otra persona y no puedes ver su cara de rechazo si no te corresponde, porque ni siquiera lo dice tu voz o tus labios, sino un puto emoticono.

Podemos, por tanto, convertirnos en vividores de una vida no vivida, en zombis vacíos y autómatas, por no querer asumir riesgos, por protegernos de las mil cosas que pueden dañarnos, y el ser humano es suficientemente débil como para que muchas cosas puedan dañarlo, pero también lo suficientemente fuerte como para ser capaz de soportar el dolor y responder al mismo. De hecho, existen pocas cosas que nos llenen más de un orgullo real hacia nosotros mismos o de una seguridad interna que el hecho de ver que somos capaces de aguantar los golpes, de enfrentarnos a aquello que nos daba tanto miedo, pereza o respeto. Ser dañado, sentir dolor y reaccionar siendo capaz de superar ese problema son, en el fondo, partes del mismo proceso, porque es un aprendizaje que vas adquiriendo precisamente conforme lo desarrollas. Esa es la grandeza del ser humano, esa es su enorme complejidad y eterna paradoja, que es fuerte y débil a la vez.

El dolor puede provocarnos un malestar intenso, pero pasajero si tenemos la valentía de permitirnos sentirlo y asumirlo sin maquillarlo, decidiendo cómo queremos posicionarnos ante el mismo y con qué actitud afrontarlo, lo cual nos permite aliviarlo en gran medida y hacerlo pasajero, cuando no superarlo del todo.

Tal y como señala el psicoterapeuta John Stevens, el secreto reside en asumir que «la verdadera fortaleza consiste en permitirnos sentir nuestra propia debilidad», es decir, en entender que habrá cosas que nos harán daño, en aceptar que no podremos con todo solos y que no lograremos hacer que todo sea como quisiéramos. Meteremos la pata, nos sentiremos desbordados por situaciones, nos viviremos confusos y sin rumbo, temblaremos de miedo. Por mucho que intentemos protegernos de los peligros, no siempre lo lograremos y sentiremos el sinsabor de la adversidad, pero podremos con ello. Nos levantaremos magullados y sangrantes, pero enteros. Aprenderemos, como todos, de los errores de nuestra propia experiencia y el dolor nos dejará muy claras algunas lecciones para no volver a caer en ellos. En otras piedras tropezaremos varias veces, a pesar de conocerlas y de saber lo mucho que nos duele.

Negar la existencia del dolor es negar la propia vida. Así, por evitar el sufrimiento, evitamos la vida realmente vivida. Hay tres monstruos que nos impiden avanzar: «Tengo que hacerlo bien», «Tienes que tratarme bien» y «La vida debe ser fácil», según decía Albert Ellis, uno de los psicólogos más importantes del siglo XX en el estudio de cómo las creencias erróneas e irracionales sobre la realidad limitaban y causaban sufrimiento a las personas. Creo que esos tres monstruos que bien señala no solo nos impiden avanzar; sencillamente, nos impiden vivir plenamente.

## Pagar la factura de vivir la vida

«Me doy cuenta de que si fuera estable, prudente y estático, viviría en la muerte. Por consiguiente, acepto la confusión, la incertidumbre, el miedo y los altibajos emocionales, porque ese es el precio que estoy dispuesto a pagar por una vida fluida, perpleja y excitante». Con estas sabias palabras, Carl Rogers ya te ha explicado todo este epígrafe del capítulo, así que puedes saltarte unos cuantos párrafos porque yo no te lo voy a saber explicar mejor, solo voy a darle más vueltas al tema y a decir bastantes palabras malsonantes e improperios durante el proceso.

Como ya te he contado de mil formas diferentes, el ser humano sabe encajar y hacer frente al dolor. Tenemos emociones adaptativas para reaccionar de la forma adecuada. Tenemos una capacidad de adquirir nuevos aprendizajes para solucionar problemas. Tenemos una capacidad de adaptación y habituación a todo, incluido lo malo, para que no nos provoque sentimientos de tanta intensidad. Somos los descendientes genéticos de los especímenes de la raza humana que mejor sabían manejar el dolor y ese conocimiento está en nuestra biología, en nuestros genes.

Eres la puta leche.

A lo que no sabemos adaptarnos ni responder es a una vida no vivida, porque es un proceso que nos pudre por dentro, que consume nuestra capacidad de reaccionar ante las cosas, de tomar partido, de sentir y hacernos vibrar, anestesiándonos poco a poco de tal forma que nos protege de cualquier sinsabor o fracaso, instalándonos en la desgana gris y apática, donde nada es «importante», o en la perpetua angustia ante la inminente desgracia, y al final solo hay desidia o un miedo que lo impregnan absolutamente todo, como un alquitrán denso y viscoso que se pega a cada parte de nosotros mismos, del «yo» que desea sentir, hacer, contactar con otros, en definitiva, vivir.

Vamos a llorar, a gritar, a sentir ansiedad, a tener miedo, a pasar vergüenza, a sentirnos rechazados, a sabernos vulnerables, a sangrar, a arrepentirnos, a tener emociones contradictorias, a no entendernos un carajo y alguna otra sensación desagradable que se me estará escapando ahora mismo.

Pero no debemos dejar que el miedo nos paralice, asumamos la propia vulnerabilidad, seamos valientes como para hacerlo, decidamos, así pues, tomar decisiones sabiendo que la cagaremos muchas veces, entregándonos al amor hacia otro aun siendo conocedores de que a veces nos decepcionarán o nos romperán el corazón, luchando en batallas que no ganaremos.

Asumamos el peaje de dolor, tristeza y rabia que hay que pagar por exponernos, por vivir. Cuando llegue, llora, quéjate, maldice. No te estoy diciendo que te alegres por recibir esa lección, no leerás de mí una gilipollez como que, en vez de llorar, pienses «¿Qué puedo yo aprender de todo esto?», pues parte de la puta lección, posiblemente la más importante, es la propia experiencia de dolor, luego no puedes aprenderla sin que te duela. La capacidad de entender la lección solo es posible cuando el dolor ya ha pasado, cuando la herida no sangra, y es en el análisis reflexivo de nuestra propia experiencia donde podemos encontrar sabiduría. Cuando el golpe llega, lo normal es cagarte en todo, llorar y temblar de miedo, ninguna promesa de una lección de todo ese malestar, de que te hará más fuerte, de que activará tu resiliencia, de que te ocurrió con un motivo o hasta de lo que te he contado de que estás biológicamente diseñado para reaccionar con emociones adaptativas para superarlo, podrá hacer que no sufras. No vivas tu miedo ni tu parte débil con vergüenza o culpa, son solo partes de tu humanidad, no pasa nada si en un momento te sientes incapaz y pides a otro ayuda, consuelo, cariño. Hasta puedes darte el lujazo de huir de determinadas batallas si sientes que no vas a lograr nada o, simplemente, no te ves capaz en ese momento; quizás te cueste luego perdonártelo, pero todos fallamos a veces, a nosotros mismos y a otros.

A pesar de todo, comprométete con tu vida como para estar dispuesto a pagar esa factura, a tragarte ese amargo jarabe por vivir tu vida.

Lógicamente, no te estoy diciendo que seas un kamikaze, que vayas sin armadura o que te entregues a todo por igual y a pecho descubierto. Mira en tu interior y observa qué cosas te emocionan, cuáles hacen que tu voz se quiebre, vibre tu pecho o se llenen de lágrimas tus ojos. Dios sabrá por qué coño provocan esa reacción en ti, pero esas son las que dan significado a tu vida, las que te hacen despertar de los automatismos del día a día y sentir de verdad. En esas sí merece la pena invertir de veras, ir sin el freno de mano echado y vivirlas plenamente, estrujando al máximo la fruta para sacar todo su jugo. Te darán cosas muy intensas, para bien o para mal, pero merecerán la pena y llenarán tu vida.

Con las personas pasa igual. Necesitamos contacto con otros, pues solo podemos tocar a otro si nos ponemos a la distancia justa para que él también pueda hacerlo con nosotros. Para no sentir soledad, necesitamos intimidad, y esta únicamente es de verdad cuando nos mostramos plenamente, sin máscaras ni armaduras, exponiendo ante el otro lo bonito y feo de nosotros mismos. Porque amar es darle tu corazón a otro, decirle «haz con él lo que quieras» y asumir que puede darte la mayor de las dichas o hundirte en la mierda más dolorosa (con esto no te digo que toleres todo ni que no pongas límites, me refiero a que te entregues de verdad al otro y si por desgracia te hace daño, pues te alejas o defiendes y te tocará lamerte las heridas). Así que intenta elegir bien a quién te entregas y a quién haces merecedor de tu corazón, pero no por eso dejes de hacerlo.

Vive una vida de verdad y no te quedes en la superficie para tener seguridad y control.

Porque no necesitamos ver el lado bueno de las cosas, no necesitamos tener el control de cómo nos sentimos, no necesitamos que el cosmos nos regale nada ni solucione por nosotros los problemas, ni necesitamos practicar el desapego para ver nuestra vida como algo ajeno y así no sufrir cuando las cosas no sean como ansiamos, no necesitamos ser la mejor versión de nosotros mismos. Simplemente, necesitamos no jodernos la vida por el miedo al dolor. Es tentador ponerse una armadura para que nada nos duela, para sentirnos seguros y fuertes, para demostrar cuán enorme es nuestra fortaleza, pero el problema es que esa armadura que te protege de los golpes también lo hará de los abrazos y caricias, que pesa un jodido quintal y al final cansa tanto cargar con ella que se te quitan las putas ganas de hacer nada, que llega un momento que nos impide crecer y nos oprime y, sobre todo, que nos deja muy solos allí dentro, seguros pero también presos.

«La vida a veces duele, a veces cansa, a veces hiere. No es coherente, no es fácil, no es eterna. Pero a pesar de todo, la vida es bella», dicen en la tierna película *La vida es bella*, de Roberto Benigni (en la que sí hay una mentira y un centrarse en lo bueno para protegerse del dolor y sobrevivir, pero eso es algo que tiene lógica que lo haga un padre con su hijo porque es su puta obligación, ya que es un ser indefenso y dependiente, no que lo hagas tú contigo mismo, intoxicándote de «pensamiento positivo»).

Fíjate que escribo estas palabras en primera persona del plural, en un *nosotros*, porque esta es la cuestión en la que estamos todos los seres humanos unidos, en nuestro debate interno entre el miedo al dolor y el ansia de vida y libertad. Este es un debate universal que nos toca a todos por igual y ante el que importan poco los credos, etnias, orientaciones, ideologías o cualquier otra mierda en la que nos enzarzamos y separamos los humanos. A todos, a absolutamente todos, nos dan miedo el dolor y el sufrimiento, pero también todos queremos vivir, elegir, contactar con otros y hacer cosas.

Follemos, peleemos, flipémonos, riamos, lloremos, amemos, recemos, bailemos, cantemos, durmamos, fracasemos, comamos, desnudémonos, disculpemos y pidamos perdón, aceptemos, gritemos, vibremos, dejémonos llevar, reflexionemos, disfrutemos, consolemos, pongámonos ciegos, conectemos y otros mil verbos que implican experienciar y sentir algo, agradable algunas veces y desagradable otras, y que, en el fondo, no son sino sinónimos de «vivamos» (algunos de estos te sobrarán y otros te faltarán, pero es mi puta lista, así que modifícala según tu criterio y verdad).

Tampoco te estoy diciendo que acumules experiencias, que las consumas para tirarlas e ir a por la siguiente. Que seas un puto yonqui de sentir o un hedonista sin rumbo. No te lo digo porque, sencillamente, eso tampoco sería vivir plenamente, sino tratar de llenar el vacío existencial con sensaciones. Comer con ansiedad en el bufete de la vida, en un atracón bulímico para llenarnos de forma impulsiva y para no asumir el riesgo de elegir el plato que nos merece la pena elegir (renunciando a tantos otros) para poder saborearlo, deleitarnos, sacarle cada matiz a su sabor y rebañarlo. No creo que haga falta que sea un plato muy sofisticado, pero sí que disfrutes de su sabor y que te sacie plenamente, que al comértelo no te pese en exceso aquello a lo que has renunciado para poder tenerlo en tu mesa.

Pero este vivir la vida va mucho más allá del bienestar de disfrutar las cosas o de que tu vida no sea gris y apática. Va de eso que habrás sentido alguna vez cuando algo te toca y se te saltan las lágrimas. Sabes que te toca por dentro, que te hace vibrar y que hay una verdad profunda y absoluta ahí. Que no es que sea agradable o placentero o estés calmado, es que sabes al cien por cien que la puta vida va de sentir eso. Que eso es tuyo y te importa, que tiene un significado profundo.

Porque en vivir de verdad y, sobre todo, en amar de verdad, a nosotros mismos y a otros, es en lo único de esta perra vida que nos merece la pena ser ambiciosos y no conformarnos con cualquier cosa para matar el hambre o con llenar el buche. Porque vivir puede ser nuestra razón misma para esta vida, y nada nos hace sentirnos tan llenos de vida y nos da tanta certeza como el amor.

El mayor drama de la vida es no vivirla, y nada es tanto vivir como lo es amar.

## El tiempo

El tiempo es finito, recuérdalo, los instantes de vida se te van como arena entre los dedos, imposibles de retener. Solo tenemos el aquí y el ahora, el momento presente, para poder vivirlo de verdad, para sentirlo.

No significa que tengas que obsesionarte con exprimir cada instante, simplemente que intentes decidir cómo quieres vivir tu vida ahora. Siempre estamos postergando, con excusas del tipo «cuando tenga mejor trabajo», «cuando las cosas estén más calmadas» u otros mil asuntos; nos tratamos como si el tiempo fuese infinito, pero no lo es. La enfermera de cuidados paliativos Bronnie Ware, en una interesante investigación, concluyó, después de acompañar a muchos pacientes al borde de la muerte, que de lo que más se arrepiente la gente cuando hace balance de su vida es del hecho de no haber sido congruentes consigo mismos; no tanto de lo que salió mal, sino de que no se atrevieron a hacer algo que sentían que debían hacer[1]. Solo puedes vivir tu vida hoy y cada tiempo que pasa no vuelve jamás, ni siquiera sabes cuál será tu último instante ni cuándo te reclamará la muerte, así que únicamente puedes hacer por vivir de verdad tu presente.

El tiempo se agota. Tu vida es limitada. El tiempo es irrecuperable e insustituible y es el don más preciado que tenemos en la vida.

No la pases anclado en el pasado, donde ya no puedes hacer nada pero aun así te torturas, o refugiándote en momentos en los que sí viviste pero cuyo excesivo recuerdo te impide vivir ahora, como quien por contemplar una fotografía se pierde lo que está ocurriendo en el momento ante sus ojos. Tampoco la vivas en el futuro, pensando en lo que llegará, asumiendo una vida no vivida por una supuesta recompensa futura o preocupándote por las posibles amenazas que llegarán y cómo poder evitarlas de forma obsesiva. Porque no podrás y porque, por protegerte de ellas y evitarlas, estás protegiéndote y evitando la vida misma.

Recuerdo que cuando trabajaba como terapeuta de grupo en un centro de adicciones en Madrid, me sorprendía porque hacían siempre referencia a vivir el momento presente. La adicción es una enfermedad crónica de la que no se sale jamás, como mucho se deja de consumir, pero las ganas de hacerlo siguen ahí y el adicto rehabilitado (fíjate

---

[1] WARE, B. (2012). *The Top Five Regrets of the Dying: A Life Transformed by the Dearly Departing*. Hay House.

que no dicen la palabra «exadicto») debe aceptar que tendrá que luchar contra ello de por vida y mantenerse vinculado a grupos terapéuticos u otros recursos. Pensar en que tenían que hacer ese esfuerzo de por vida es terriblemente desmoralizador, así que se centraban en el día de hoy. «Solo por hoy» (no consumiré), es uno de los lemas que se decían los unos a los otros con frecuencia. «Felices veinticuatro» (veinticuatro horas sin consumir), decíamos al final de cada sesión para despedirnos.

Creo que son lemas muy aplicables a nuestra vida, a ser coherentes con nosotros y a tratar de vivirla de una manera significativa en el presente, sin obligatoriedad de grandes fuegos artificiales pero con un sentido profundo, tratando de que haya un espacio para aquello que se lo da. ¿Cómo saber lo que realmente tiene verdad en nuestra vida? Es aquello que cuando lo sientes o contactas con ello, bien porque lo cuentas o lo haces o simplemente lo ves en otros, te emociona, hace que broten las lágrimas del fondo de tu pecho, no sabes muy bien por qué la tiene, pero no dudas de que vibras.

Vive la vida de verdad. Y vívela ahora.

## La sesión más dura de mi vida

Como psicólogo sanitario, he tenido sesiones muy duras a lo largo de mis diez años de ejercicio profesional. Días donde los pacientes te cuentan unas mierdas que flipas, que te hacen irte a casa a meterte directamente en la cama, totalmente abatido. También días en que te afecta en especial lo que te cuentan y, sobre todo, empatizas con su dolor, normalmente porque su historia «toca» algo que vive o vivió alguien que quieres. Otras, porque ves (o crees ver) en el otro cosas que también son tuyas y no siempre son agradables de mirar. Y algunas, a veces, te hacen sentirte mal y ni tienes puta idea de por qué, desbordado ya por tanto malestar.

Con todo, no soy de esos a los que les afecta especialmente la terapia, supongo que se debe a que, como psicoterapeuta humanista, me permito expresar y sentir mis sentimientos en sesión con el paciente, y, aunque pueda parecer raro que a veces sea el psicólogo quien llore o se enfade, puede ser una poderosa herramienta terapéutica (fliparías la de veces que he hecho más por un paciente en consulta dejando que me emocione su dolor y se me escape una lágrima porque me daba pena o le he dado un fuerte abrazo; con eso él ha sentido que tenía derecho a estar mal o ha visto que su dolor era importante o que se merece respeto y cariño). El caso es que, al exponerme y actuar esa emoción, no me quedo ahí enganchado ni me lo suelo llevar a casa.

Lógicamente, hay pacientes que te conmueven más que otros, pero yo al menos siempre empatizo con todos como para que no me sean indiferentes. Cuando me toca uno con el que no conecto de ninguna de las maneras, suelo derivarlo a otro profesional de forma elegante (sí, aunque hable como un jodido albañil sé tener mucho tacto cuando quiero), porque, como he dicho anteriormente, no creo que esa terapia vaya a funcionar sin ese vínculo especial.

Este curro te permite ver a gente de todo tipo y condición, pero, sobre todo, oír y ser testigo de mucha mierda. Además, no sé si porque me va el *rock and roll*, porque meto mucho a los pacientes en su dolor, porque tengo cierto prestigio o porque hago una psicoterapia «diferente a la convencional» y me viene mucha gente rebotada de otros profesionales buscando una alternativa, pero el caso es que he oído muchas cosas en estos años, algunas muy desagradables: personas que han perdido la dignidad por las drogas; gente que te viene muy rota por un abuso sexual infantil; parejas tan deterioradas que el sufrimiento del otro, en vez de conmover, molesta o lo usan como arma para hacerse daño… El dolor suele ir acompañado de un buen muestrario de hijoputez y negligencia cuando tiras del hilo para entender junto con tu paciente qué mierda pasó y de dónde viene, y luego, como en todo, hay grados y formatos, y a una persona se le puede hacer daño de formas muy variadas, dantescas y bizarras. Historias para no dormir, vamos, y a veces literalmente.

Pero a pesar de la brutalidad, del asco y la repugnancia de muchas de estas historias, ninguna fue tan dura como la última sesión que tuve con mi paciente Julián. Si bien no me gusta frivolizar con el malestar de mis pacientes, he de confesar que fue una terapia de esas sencillas, un cuadro ansioso-depresivo con mucha necesidad de control y bastante autocrítica. Desde el punto de vista diagnóstico, no era nada complicado o inusual; de hecho, para que nos entendamos, la sintomatología ansiosa y depresiva es para un profesional de la salud mental algo así como la gripe para un médico.

La terapia fue que te cagas, a pesar de la diferencia de edad, que yo tenía por aquella época veintinueve y él sesenta y siete años. Juan y yo conectamos muy bien rápidamente y teníamos un clima de esos que hacen que la terapia vaya como la seda y que, además, las sesiones sean muy relajadas y agradables, con algunos chistes y todo (aunque en las sesiones hay bastante más espacio para el humor del que la gente se piensa).

Creo que llevaríamos ocho meses de terapia o una cosa así y era nuestra última sesión, ya que él se sentía muy bien y habíamos decidido entre los dos que era un buen punto para que se cogiera el alta y finalizar el tratamiento. Recuerdo bien las paredes verdes del despachito que tenía alquilado en una clínica de Manuel Becerra y a Juan sentado frente a mí, en un butacón burdeos exactamente igual que el mío, con su habitual camisa y pantalón de pinzas bien planchadito. Ahí estaba yo, dándole una turra enorme al hacerle un pequeño resumen de lo que habíamos trabajado y de los puntos con los que debía ser vigilante, cuando el pobre hombre se me puso a llorar, totalmente desconsolado, como un niño de cinco años, con una tristeza honda, profunda, que le brotaba del fondo del pecho.

Yo me quedé totalmente descolocado, incapaz de entender muy bien qué cojones estaba pasando si todo, en teoría, tenía ese doble *check* en mi mente de que estaba bien. Pensé, tirando de teoría, que quizás Julián era uno de esos pacientes que a veces, al acercarse el fin de la psicoterapia, experimentan cierto vértigo por verse «volando solos» y que los hace sentirse inseguros, o que podía ser un sentido duelo por la «pérdida» del terapeuta y del espacio seguro de las sesiones, así que traté de consolarlo afirmando que, si bien eran normales y comprensibles esos sentimientos, él había hecho un gran trabajo en la psicoterapia y que estaba convencido de que sería muy capaz de continuar sin mi ayuda, ya que en el último mes apenas habíamos tenido que trabajar nada y que, en caso de que lo necesitase, él sabía que la puerta de mi despacho siempre se quedaría entornada, jamás cerrada del todo, si me necesitaba de nuevo. «Además, tienes mi móvil, Juan, y ya sabes que siempre puedes llamarme para lo que necesites. Aquí me tienes para servirte y lo que se tercie» o alguna mierda así, creo recordar que le dije.

Lo que no olvido ni olvidaré en mi puta vida es lo que me dijo él:

> No tengo miedo a no verte más, Ventura. Sé que la terapia ha sido buena y hemos hecho un buen trabajo, yo he cambiado de

verdad. Creo que, por primera vez en mi vida, empiezo a ser feliz. El problema es que, con la terapia, he aprendido muchas cosas y, sobre todo, he logrado empezar a mostrarme, a enseñar cómo soy realmente y a decir lo que quiero y pienso. Lo cual es maravilloso, porque no lo había hecho en mi vida y eso fue lo que creó la ansiedad y esa falta de ganas de nada que me trajo aquí. Pero tengo sesenta y siete años y, ahora, mi vida... ¿quién me la devuelve?

Por miedo al rechazo y a fracasar me he tirado la vida en un trabajo gris y que me amargaba, solo porque era seguro y no tenía mal sueldo. Con mi mujer, que es un amor, y con mis niñas no he podido ser yo. Ya sabes cómo me costaba hablar de mis sentimientos, expresar o pedir cariño o simplemente discutir con ellas, sobre todo con la pequeña, que tiene mucho carácter. Eso es lo que más me duele. No he vivido mi matrimonio como quería, no he criado a mis hijas como quería. Siempre escondido tras una máscara por el miedo a hacerlo mal, bloqueado. Ahora tienen veintimuchos y empiezan a hacer su vida. Es lógico, y yo lo quiero así, pero he perdido los años en los que podría haberlas conocido y disfrutado de verdad.

Ahí yo le dije que lo entendía y que todo eso era cierto en parte, pero que tenía todavía buena salud y muchos años por delante para poder hacer las cosas de forma diferente a partir de ese momento.

«Lo sé, Ventura, lo sé», prosiguió él, «pero he gastado la mayor parte de mi vida sin vivirla como yo quería por el maldito miedo, sobre todo con mi familia, y eso no hay terapia que me lo devuelva». Te juro que no supe qué pollas decirle. Sentí agobio al ver su malestar y querer socorrerlo, pero al empatizar con él entendí que cualquier cosa que le dijese sería vacía e inútil. Llevaba toda la puta razón, y en ese instante mis nueve años de estudios de psicología no tenían nada que pudiese ofrecerle. Así que le di un abrazo y lloré con él, mientras le decía que de verdad sentía mucho que estuviese pasando por todo aquello porque era un hombre bueno.

Lloramos juntos un rato hasta que nos calmamos, y después nos quedamos en silencio, mirando al suelo, pero sintiendo uno la presencia del otro. Le agradecí la confianza que había depositado en mí y que se atreviese a mostrarse conmigo. Le acompañé a la salida, nos volvimos a abrazar con lágrimas en los ojos y cerré la puerta.

Recuerdo el «clack» de la puerta al cerrarse. Era el último paciente, así que recogí mi mochila y mi agenda, apagué las luces e hice el camino hasta mi apartamento de Moncloa pensando, lleno de pena, que la terapia curaba heridas del pasado, hacía que la gente se conociese y amase, ayudaba a la personas a cambiar, pero lo que no puede hacer es recuperar toda una vida no vivida por miedo.

# 6

# El valor de la congruencia

> «Solo quedará por probar un sentido, el del ridículo por sentirnos libres y vivos».
>
> Mikel Izal (cantante *indie*)

## Cada persona tiene su «verdad» interna

Ya te he comentado que no creo que exista una fórmula mágica para la felicidad, algo que por sí solo vaya a cincelarte una sonrisa en el rostro y deje de afectarte todo lo que te pase, que provoque que te quiera quien tú quieres y como tú deseas, que haga que te caigas bien todos los días, que no te frustres cuando las cosas salen mal o cualquiera de las otras mil cosas que pueden venir a joderte a base de bien.

Tampoco les doy a los hábitos más valor del que tienen, el de pequeñas cosas que aportan una dosis de bienestar extra a nuestra vida, pero que distan mucho de ser necesarios o suficientes para alcanzar eso que llamamos felicidad.

Pero quizás haya un hábito que sí que la dé, lo que pasa es que no es un hábito como tal, sino una mezcla entre una filosofía de vida y una serie de decisiones que tomamos día a día, a veces incluso momento a momento, sobre si vivimos en base a ella o no. No es una filosofía difícil que requiera hacerse pajas mentales para poder entenderla o tener que iniciar años para alcanzar un sendero de iluminación o un estado superior de consciencia. La idea es simple: sé honesto con qué quieres realmente en tu vida y con cómo eres tú. Puede parecer una chorrada, pero te aseguro que es duro de cojones vivir en base a esa sencilla premisa.

Ser congruente con tu propio criterio, pero no el meramente intelectual, sino, sobre todo, el de esa intuición interna, esa voz que nos habla desde las tripas y nos deja claro lo que necesitamos, lo que queremos, lo que nos viene bien y lo que no con una sensación de certeza que te grita desde el fondo de tu alma en un lenguaje que no tiene siempre palabras, aunque se le entiende alto y claro cuando no se le juzga y se le presta la atención que merece.

Si todavía no sabes de qué criterio te hablo, te diré que es ese que te dice que esa persona es a la que quieres y amas de verdad; si algo lo eliges libremente o no; que en esa actividad (ya sea leer, un trabajo, bailar, hacer deporte o simplemente pasear) hay algo importante para ti y que te viene extraordinariamente bien porque te calma, te da paz, te recarga las pilas o porque te puedes dejar llevar; que esa otra cosa te apasiona y te fascina, y que puedes echarle las horas que quieras sin que te llegues a cansar nunca de ella porque siempre te aporta algo; en qué cosas hay una verdad y un sentido verdadero, profundo, y qué otras no lo tienen; qué cosas te hacen feliz o cuáles te hacen daño. Muchas veces sabes las respuestas a estas preguntas, pero ni siquiera puedes explicar por qué o aparentemente es algo ridículo, con poco sentido o que «no es tan importante», pero todo eso no puede evitar que lo vivas así.

Esto no quiere decir que sea irracional, de hecho, si te parases a analizarlo en una buena psicoterapia, saldrían en gran medida los porqués que hacen que lo vivas así. Son cosas que sencillamente eliges, en una elección íntima y emocional, desde luego muy influenciada por tu historia de vida, por tus traumas, apegos y aprendizajes, pero no por eso deja de ser elección. Si te pones a ello, también serás capaz de elaborar un discurso, una narrativa que sea una bonita teoría que te sirva para explicarte eso que sientes y sabes que es cierto para ti. Porque no tiene por qué serlo para otros, no tiene por qué haber un criterio objetivo que lo valide, ya que hay un fenómeno indiscutible y es el hecho de que tú lo vives así, a ti te encaja plenamente y, cuando actúas en consecuencia con ello, te sientes bien.

Por poner un ejemplo de esto, te contaré que a mí me encantan los sitios cutres. Los bares en los que comes en la barra, que no son muy *cool* ni muy bonitos, que tienen un encanto fruto de que, precisamente, las cosas no están cuidadas ni calculadas al milímetro y simplemente son, sin ninguna aspiración a nada, más que simplemente ser. Siempre digo que tienen «rollazo» o «encanto» porque no sé definirlo mejor, pero el caso es que me fascinan, para tomar café con leche, para pedirme unas tapillas (ensaladilla rusa, croquetas, patatas bravas... Cosas básicas, pero bien hechas) e incluso beberme una copa en vaso de tubo o de sidra, pero, desde luego, no copa de balón.

Quizás te estoy pareciendo un rata o un gran friki, y desde luego que puede parecer algo poco importante, pero para mí tener esos bares en mi vida cotidiana es algo que le aporta mucha calidad a mi día a día, son un *must have* de esos en toda regla. Sé a un nivel intelectual que porque un sitio sea cutre no tiene por qué ser mejor ni más genuino; sé y reconozco que hay otros sitios con una comida mucho mejor o de mayor nivel, pero también sé que yo en esos sitios disfruto de una manera especial y esa es mi verdad y nadie puede decirme que no sea cierta: yo soy un tío que disfruta en los antros.

Vivir según estos criterios es lo que aporta una felicidad real, de calado, a nuestra existencia, muy por encima del bienestar vacío de los logros y éxitos, de lo material, de las experiencias consumidas sin más o de lo grandilocuente de determinados asuntos. No necesitas grandes cosas, necesitas que sean las cosas que realmente quieres.

¿Sabes lo que quieres? Porque esa es una buena pregunta. Desde pequeños se nos dice lo que está bien o mal, lo adecuado, y, cuando empezamos a ser adultos, se nos pregunta muy poco qué queremos nosotros realmente. Obligaciones, ideas sociales, la simple inercia de las cosas que nos pasan y tenemos que solucionar suelen ocupar ese espacio y acaban decidiendo por nosotros. Lo urgente y lo supuestamente importante se imponen a nuestro criterio, a nuestra verdad interna.

Piensa cuánto tiempo dedicas a pensar en lo que quieres realmente en la vida. ¿Te has tirado una vez, simplemente, un fin de semana reflexionando sobre ello? ¿Una semana? ¿Un año? Piensa en que si vives ochenta años, vivirás veintinueve mil doscientos días. Creo que es una obviedad decir que merece la pena dedicar al menos el 0,01 por ciento de ese tiempo a pensar cuál es nuestro criterio real, qué es lo que queremos realmente en nuestra vida. Pues bien, si lo hicieras, ese 0,01 por ciento serían doscientos noventa y dos días, y seguramente no le has dedicado ni el 10 por ciento de esa cantidad. Yo tampoco he dedicado doscientos noventa y dos días, ni he tenido que atravesar un camino de sabiduría y retiro espiritual, pero en mi psicoterapia, primero durante un año y medio, dediqué una hora a la semana a ver qué pasaba en mi vida, a entender y aclarar mi criterio, y luego a evaluar si estaba siendo acorde con él. Después, y actualmente, traté de sacar una mañana o una tarde de vez en cuando, una vez al mes o mes y medio, para pararme y, mientras estoy en una cafetería, doy un paseo por el paseo marítimo o me tomo una cerveza en mi terraza, mirar qué estoy haciendo con mi vida. Para apartar lo urgente y atender lo importante. Para elegir en mi vida y asegurarme de que estoy viviendo según lo que yo quiero hacer y resulta significativo para mí.

Piérdete un rato, encuentra tu sitio para hacerlo y tu momento, ya sea conversando contigo mismo o con otro, pero hazlo. Un buen ejercicio para esto es escribir una lista en la que pongas las cosas a las que le dedicas más tiempo, pero no solo material y de esfuerzo, sino también en tu mente, en tus pensamientos, en tu fantasía. Mira esa lista y piensa si es congruente, si estás invirtiendo tu tiempo limitado en esta vida en lo que es principal para ti, si lo estás invirtiendo en lo que te hace verdaderamente feliz. Si en el ajuste de esa lista no cuadra aquello que haces y aquello que quieres, te toca armarte de valor y hacer cambios en tu vida; si no, vas a ser un jodido miserable.

Puede que consigas cosas, que tengas éxitos, que hagas planes chulos, que cumplas con tus obligaciones, que, sobre el papel, todo funcione, pero no serás feliz. Porque no se puede ser feliz cuando no se es fiel a uno mismo, porque no se puede ser feliz cuando se lleva una vida que no es la que elegimos en el fondo de nuestro corazón.

Misteriosamente, cuando no vivimos según lo que elegimos, aparece la depresión. Cuando nos forzamos a algo aparece la rabia y se nos agria el carácter. Cuando hacemos cosas que no nos importan realmente, aparece la apatía y la incapacidad para disfrutar. Cuando nos ignoramos, nuestro cuerpo grita en forma de ansiedad. Cuando no nos gusta nuestra realidad, necesitamos evadirnos con compras, alcohol, drogas, porno, redes sociales... También, cuando nos ignoramos y llevamos esa vida que no es la que queremos, las pequeñas alegrías o placeres adquieren mucho valor y es muy difícil resistirse a ese buen momento cuando como comida basura, a ese buen momento de la infidelidad, a ese buen momento de cualquiera de esas cosas que no queremos hacer, pero acabamos haciendo, porque, posiblemente, sea el único «buen momento» que hay en una vida llena de cosas que no deseamos realmente.

A veces resulta muy difícil saber lo que queremos, ya que, si algo nos merece la pena o no, es una cosa que solo podemos conocer cuando la vivimos, cuando la experienciamos. Ese y no otro es el único conocimiento real. Eso es lo que nos hace pasar de «entender» algo a «saberlo» plenamente, y es un proceso que muchas veces implica ensayo y error. Solo puedes saber qué crees que te hará feliz o lo que quieres en tu vida, y cuando lo experimentes, solo entonces, sabrás si realmente era así. Esto no significa que no lo intentes porque no sabes si será «la tecla» adecuada, hazlo porque sabes que quieres probarlo, porque intuyes que esa será, y si al experienciarlo y vivirlo ves que no lo es, asúmelo con humildad y sin arrepentimiento y prueba otra cosa. Habrás sido fiel a ti mismo al intentarlo, y en eso existen un consuelo y una paz insuperables.

Otras veces crees que quieres algo o que es lo correcto para ti y no es así. ¿Cómo distinguirlo entonces? Cuando estás haciendo algo, cumpliendo con algo, es decir, que vives con base en eso pero aun así eso te hace infeliz, estás harto, te genera síntomas (ansiedad, insomnio, anhedonia...) o lo vives como algo pesado, como una imposición, deberías pararte a pensar si de verdad es lo que quieres o lo correcto, porque, a pesar de estar en tu vida, no funciona. Quizás no lo es.

Finalmente, me parece importante aclarar que este seguir el criterio interno y validar tu propia subjetividad no es aplicable a cualquier cosa. Hay problemas objetivos, como tener una patología médica, que requieren una solución concreta, y para los que considero importante confiar en el criterio de quien está bien formado, como, por ejemplo, el médico. Para lo que creo que es aplicable el criterio interno es para los temas que normalmente más nos atormentan y que se refieren a decisiones sobre asuntos para los que no existe un criterio claro, una realidad objetiva, y suelen aludir a las relaciones con otras personas, gustos y preferencias, qué está bien o mal, cómo hemos de entender el mundo, vivir la vida o qué es más importante para ser felices. Aquí es donde es especialmente importante escuchar, validar, abrazar y defender nuestro propio criterio.

Porque esto es una psicología de calado, existencial, porque todo esto va mucho más allá de no tener sintomatología como la ansiedad, estar irritable o hasta los cojones de todo, dormir bien o estar todo el día dándole vueltas a las cosas. Esto va de que tu vida tenga un significado profundo, de que sientas que te merece la pena vivirla de verdad, de que tu alma esté viva y cálida, «más gustita que el copón», si eres granadino.

## Pagar la factura de elegir en la vida

Aparentemente, este tema de «sé honesto con qué quieres hacer y con quién eres tú» no es muy diferente de las otras fórmulas fáciles, pero sí que lo es. Puede parecer *peccata minuta*, una gilipollez, vamos, pero es algo muy duro de hacer. Esto no es una frase de Facebook o Instagram donde pone «Sigue el camino que te marca tu corazón, pues él jamás te engaña» y es fácil darle un *like* porque no tiene mayor coste; esto es la película completa, que viene con una segunda parte, en la que hay que ser honestos con el precio a pagar por hacer eso.

Asumir el propio criterio y elevarlo como una verdad íntima y subjetiva en función de la que guiarte es una apuesta osada, precisamente porque se basa en un hecho interno que solo tú puedes entender y conocer, ya que como mucho podrás explicar algunos de tus motivos, pero la gente no suele llegar a comprenderlos al cien por cien siempre. Para elegir un bar es sencillo y, salvo alguna niña que ha puesto cara rara cuando la he citado allí, no suele tener mayor coste, pero sí que es muy complejo cuando tomas decisiones que tienen un gran calado, cuyas consecuencias repercuten en otros, o cuando sabes que se te va a juzgar, atacar o abandonar por ello.

Muchas veces, prestarle atención para oírlo por encima de lo que nos dice la sociedad no es nada sencillo, ya que, aunque se dice que somos mucho menos dogmáticos e intolerantes que antes, desde pequeños se nos mete en la cabeza de forma persistente «la forma correcta en la que deben ser las cosas». Esto ocurre a todos los niveles y en múltiples niveles.

Socialmente se nos dice lo que es éticamente reprochable, qué se considera tener buena educación, qué actividades o cosas se supone que son importantes, «el pensamiento positivo», el canon de belleza estético (esto a ti tampoco te afecta, ¿verdad?), qué es el éxito y si tienes que buscarlo o no...

A nivel del sistema familiar también se nos inculcan profundas ideas, como qué rol ocupamos en nuestra familia (el que cuida, el malo, el que pasa de todo...), cómo se soluciona determinado tipo de situaciones (se hablan, se tapan, se monta un pollo...) o qué clase de límites y vínculos se establecen entre los diferentes miembros de la familia, por citar solo algunos.

Pero es que eso también se hace con nuestra propia persona; quiénes y cómo somos nosotros («Mi Ventura, siempre muy extrovertido y sensible», decía mi madre), si nuestras necesidades son importantes o no (en base a si las atienden o ignoran), de qué somos capaces y de qué no...

Este proceso es inevitable por el mero hecho de vivir en grupos humanos, ya que todo grupo elabora su propia idiosincrasia y normas para funcionar, y no tiene por qué ser negativo siempre y cuando, al llegar a la edad adulta, seamos capaces de entender que eso que se nos brinda o impone desde los distintos grupos humanos de los que formamos parte es algo que no tiene por qué ser cierto para nosotros.

Esto requiere hacer un proceso de criba, ver con qué parte nos quedamos de todo eso que nos dicen y con cuál no, haciéndolo según ese criterio interno personal y la información que nos dan nuestro cuerpo y nuestras emociones sobre si algo nos hace sentirnos bien o no, si tiene sentido para nosotros. Se nos bombardea tanto con «lo correcto» que es difícil no introyectar estas ideas y darlas por ciertas, ser capaces de oír nuestra voz interna, nuestro criterio, por encima de todo ese ruido, y acabamos asumiendo estas ideas externas como propias sin darnos la menor cuenta.

Pero no solo es difícil oírlo, sino que también muchas veces es tentador no mirar nuestra propia verdad, nuestra propia forma correcta de vivir algo y quedarnos con la que nos dan, ya que así no tenemos que pensar mucho y es más cómodo coger algo externo y aplicarlo sin más. Piensa, por ejemplo, en por qué hay tanta gente que coge el «*pack* completo» de una ideología, qué difícil es encontrar un republicano de derechas o un tipo de izquierdas católico o taurino, cuando en principio son categorías compatibles.

Coger cosas del exterior no tiene por qué ser malo (como casi todo, es una cuestión de cuánto lo hacemos y desde dónde). Por un lado, porque muchas veces son temas no determinantes en nuestra vida y no está mal coger lo que se nos ofrece de forma fácil si más o menos «nos hace el apaño». Yo no tengo problema en reconocer que lo he cogido en muchos aspectos de mi vida, como hacer botellón de adolescente, que era «el plan de ocio» de mi generación, o en cómo me visto, que es un tema que me da bastante igual, cogiendo ropa respetuosa y formal con mis pacientes, como americanas y camisas para el trabajo, y más camisetas, vaqueros y chinos para mi tiempo de ocio.

Por el otro lado, escuchar ese criterio propio, esa verdad y certeza interna, no significa que siempre tenga que ser diferente de lo que se nos da. He tenido infinidad de pacientes que procesan su espiritualidad a través de la fe católica que les inculcaron de pequeños y se sienten muy cómodos con ella, y otros que han asumido la importancia de determinados valores sociales como el respeto a lo diferente, la lucha por la igualdad entre clases, la solidaridad o el inconformismo, buenos y útiles referentes en sus vidas.

Lo que sea está bien mientras tú sientas que lo eliges libremente y que, cuando lo aplicas, te sientes bien contigo mismo. Mientras tú notes que «encaja» o «es propio» de ti ese criterio externo que decides asumir como propio.

Ser coherentes con nosotros mismos es fácil cuando sabemos que nadie nos va a atacar, reprochar, hacernos sentir culpables o abandonar por hacerlo. Pero muchísimas veces no es así. Incluso en ocasiones, quienes nos van a hacer daño o a quienes se lo vamos a infringir son, precisamente, personas que amamos profundamente, personas importantes en nuestras vidas hacia las que sentimos cariño, gratitud, compasión, deuda, respeto, admiración y mil movidas más que hacen que ser fieles a esa voz interna, a nosotros mismos, tenga un precio mucho más elevado y dé mucho miedo.

Se me vienen a la cabeza pacientes valientes como Sandra, que al decir que era bisexual tuvo que soportar que la tacharan de guarra; o Luis, que cuando se enamoró de otra mujer, estando casado, y decidió dejar a su esposa, hasta sus propios padres se lo recriminaron y le dejaron solo en su decisión.

Otras veces el coste no viene porque nos hagan daño, sino porque la propia elección conlleva un sacrificio alto, como perder algo bueno y seguro o embarcarse en un proceso que implicará mucho esfuerzo. Ahora evoco a Laura, a quien a pesar de su dislexia, que le supone un gran hándicap para estudiar, su pasión por ser maestra la llevó a decidir opositar, pese a tener que compatibilizarlo con su trabajo como logopeda; o a Lola y Manolo, quienes, teniendo un restaurante de éxito y un pub, decidieron cerrar ambos negocios e irse él a trabajar de cocinero a un hotel y ella a casa, con tal de poder pasar más tiempo con sus hijos, pues era lo que consideraban importante por encima del dinero, y alejarlos del ambiente de la hostelería, que no les parecía una buena influencia para los niños.

No creo que «objetivamente» lo hiciesen bien, creo que lo hicieron bien porque fueron fieles a su criterio interno, a lo que ellos creían que necesitaban hacer o que, simplemente, querían hacer y tuvieron los cojones de pagar las facturas que tenían que pagar con tal de ser consecuentes.

La coherencia no hizo que no sintieran miedo o dolor con la parte amarga de sus decisiones, pero, pese a todo, lo hicieron. Además, si por lo que fuese luego esos cambios resultaran no convencerlos o fracasaran (no creo que sean equivocados porque salgan bien o mal, fueron congruentes con su verdad interna en ese momento), no podrán echar balones fuera y decir que la culpa es de la sociedad, de los padres o del sistema, ya que ellos tuvieron el coraje de asumir la responsabilidad de elegir su propio criterio. Elegir, por tanto, y ser congruente no es hacer solo lo que quiero o deseo; es, sobre todo, un ejercicio de responsabilidad con uno mismo. No es hacer lo que me da la gana. Claro que en la vida hay obligaciones, hay tragos amargos, pero que sean consecuencia de lo que sí elegimos. A veces ser coherente es hacer sacrificios, renunciar a cosas, asumir esfuerzos, porque es coherente con el por qué lo hacemos. Hacer algo que no te gusta resulta, a veces, la única forma de ser coherente con lo que realmente quieres.

Así, tenemos al padre a quien no le caen bien los padres de los amigos de sus hijas, pero no deja de pasar los cumpleaños con ellos por llevarlas y que no se los pierdan; a la médica que hace guardias que la agotan y le pagan mal para poder curar a los demás, a la chica que se sacrifica un mes y está a dieta, a los abuelos que cuidan de los nietos que dan guerra para poder ayudar a sus agobiados hijos.

Porque asumir estos sacrificios para hacer lo que realmente queremos es una autovalidación del propio criterio, de la propia experiencia como brújula que nos marca el norte, de confiar en nosotros como para ser fieles en seguir nuestro corazón y sentirnos con el derecho de hacer con nuestra vida lo que deseamos hacer. Como le decía el tío Ben a Peter Parker en los dibujitos que veía de pequeño sobre Spiderman, «un gran poder conlleva una gran responsabilidad».

Pero el camino de la congruencia no solo es duro en términos de rechazo, de asumir riesgos o costes en nuestras decisiones, también en tomarlas cuando no lo tenemos claro al cien por cien. Lógicamente, es más fácil asumir riesgos y costes si estamos plenamente convencidos, pero muchas veces no es el caso y aun así hemos de decidir por una de las partes. Otras, en cambio, ser coherente con nosotros mismos implica renunciar a otras cosas que deseamos pero son incompatibles o en asumir nuestras propias limitaciones. Se trata, por tanto, de una difícil contabilidad interna de lo que queremos realmente (y cuando eso entra en conflicto con otras cosas que son importantes para nosotros, ponderarlas para elegir la que más deseamos) y el precio que no solo estamos dispuestos a pagar, sino que también podemos asumir.

El sacrificio que hay que hacer, el bregar con lo incómodo, el miedo a que nos rechacen y al fracaso (fomentados por el positivismo) siempre dan vértigo, pero más lo da el hecho de tirarte toda la vida arrepintiéndote de no haberlo intentado.

Personalmente, una de las veces que más difícil me resultó tomar la decisión de ser congruente conmigo mismo fue cuando, tras cuatro años de duro esfuerzo y trabajo, decidí cerrar mi proyecto laboral y personal que era Aprende Viendo Terapia (te hablé de él antes, pero, básicamente, era mi academia para psicólogos y clínica propia). Conforme creció el proyecto, se evidenció que yo, con mi forma de funcionar desordenada y basada en la improvisación, no tenía las competencias necesarias para gestionar, sin que fuese un caos y yo estuviese siempre al borde del ataque de ansiedad, una empresa que pasó de tener ocho alumnos y un amigo psicólogo, empleado unas horas el primer año, a noventa y dos alumnos, convenios de prácticas con más de siete universidades y con seis empleados entre psicólogos, administrativo y encargada de *marketing*, en su cuarto y último año de funcionamiento.

La empresa funcionaba y las cuentas cuadraban, se pagaban los sueldos y ganaba dinero, los alumnos estaban contentos con la calidad de la formación recibida y de sus prácticas, estábamos ayudando a un montón de personas sin recursos a recibir una psicoterapia gratuita y cada día tenía más pacientes privados. Las universidades confiaban cada vez más en mí y me ofrecían docencia, me invitaban como ponente y hablábamos de proyectos en cada ocasión más ambiciosos. Tras cuatro años de duro esfuerzo, empezaba a estar menos apretado económicamente y justo ese año habíamos inaugurado una sede por todo lo alto en el barrio de Salamanca de Madrid.

Sin embargo, yo no era un gestor eficaz. Ni administrativamente ni, para mi sorpresa, de equipos humanos. No supe elegir los empleados, cometí un montón de errores con ellos tanto en la comunicación como en establecer límites claros y en entender qué necesitaban. Mi manera de funcionar desorganizada, de ir resolviendo las cosas en el último momento, hacía que, a pesar de que todos lo intentábamos, aquello fuese un poco caótico y anárquico, por mucho que al final sacásemos todo adelante *in extremis*. El ambiente estaba muy tensado y se respiraba estrés.

Ahí me di cuenta de que, en el fondo de mi corazón, yo no quería esa vida, y de que, aunque la quisiera, no era capaz de llevarla. Me tiraba el día trabajando, me tocaba ser psicólogo, profesor universitario y gestor (esto último lo odiaba profundamente y se me daba fatal). Decidí asumir mis limitaciones y, sobre todo, hacer caso a mi certeza interna de que aquello no me hacía feliz, por mucho que el proyecto fuese todo un éxito.

Avisé a mis empleados, con quienes ya estaban las cosas fatal, de que pensaba cerrar aquello cuando terminase el curso académico y que me volvería a mi querida Andalucía a vivir una vida más tranquila, centrada en lo que me gustaba de verdad: ver pacientes y, quizás, la docencia.

Las cosas se dieron de la peor forma posible y te aseguro que pagué un coste terrible en dinero, situaciones de tensión y conflicto en esos últimos meses y, sobre todo, en amistades que perdí y me decepcionaron profundamente. También la culpa y el sentimiento de fracaso, porque ellos sintieron lo mismo por mi parte y hubo cosas que sé que no hice bien.

Sin lugar a dudas, fueron de los meses más jodidos de mi vida, sobre todo porque fue la vez que me he sentido más amenazado y desbordado, levantándome en mitad de la noche con temblores producidos por ataques de ansiedad. Además, nadie entendía mi postura y me sentía muy solo.

Por elegir dejar lo que sabía que no me hacía feliz, tuve que pasar no solo por todo eso, sino también renunciar a cosas que sí me gustaban muchísimo, como la docencia con la universidad o el trato cercano e informal que tenía con mis alumnos privados en Aprende Viendo Terapia. Tiré a la basura cuatro años de duro trabajo y de levantar un negocio que ya era próspero, daba dinero y tenía prestigio para bajar al sur y volver a empezar. Como ves, decidir ser congruente con uno mismo es sencillo; en mi caso, «si esto no te hace feliz, déjalo y siéntete libre de elegir cómo quieres vivir», pero te puedo garantizar que decidir y asumir esa responsabilidad fue terriblemente duro.

Pero a pesar de toda esa mierda que me tuve que comer a cucharadas, lo que me mueve ahora cuando lo escribo no es el recuerdo de lo mal que lo pasé (aunque te aseguro que eso está ahí), sino la sensación de estar orgulloso de mí mismo, de creer o entender que me quiero, de tener la certeza de que lo hago; ya hay que amarse mucho para pasar por todo eso que yo pasé solo porque ese era mi criterio, porque era lo que yo quería en mi vida y antepuse mi felicidad a cualquier cosa.

Qué cojones le eché a pesar de mis errores. Qué orgulloso estoy de ello. Qué seguro estoy de saber que, en el futuro, cuando esté acojonado de miedo ante otra decisión difícil, me acordaré de eso que hice y de lo que pasé y me servirá para recordarme a mí mismo no solo que el dolor no me mata o que soy capaz de ello, sino cuánto me quiero y merezco la pena. Y te aseguro que eso da una seguridad en uno mismo como ninguna otra jodida cosa, el saber que, pase lo que pase, elegirás ser fiel a ti. Eso sí es autoestima, confianza en uno mismo y resiliencia real, basada en los putos hechos y decisiones y no en recomendaciones, frasecitas o «mirar lo que sí te gusta de ti».

Otras veces, sin embargo, el coste y el sacrificio son mucho peor en nuestra fantasía que en la vida real. Seguro que recuerdas las veces que posponías algo que tenías que hacer por pereza o porque te daba miedo, como hablar con un amigo con el que estabas enfadado, confesar un fallo o similar, y cuando lo hacías, no solo te sentías enormemente liberado, sino que te dabas cuenta de que «no era para tanto». En nuestra fantasía las cosas suelen ser peor que en la vida real, porque nos mentimos para no tener que hacerlo. También es frecuente que nos infravaloremos, quitándonos poder y capacidad, diciéndonos que no seremos capaces de hacer algo, y luego vemos que sí que lo somos. Esto ocurre, sobre todo, cuando han sido cosas que hemos intentado en un momento de la vida y no las hemos conseguido. Nuestro cerebro aprende esa lección y sigue reaccionando desde ahí, pero las situaciones y las personas somos cambiantes y, si no, podemos cambiar desarrollando nuevos aprendizajes que nos hagan factible lo que antes no lo era. Con frecuencia les cuento a mis pacientes cómo antiguamente en los circos encadenaban a las crías de elefante a un tocón de madera con una pequeña cadena. Los bebés elefante intentaban romperla, pero no eran capaces. Cuando llegaban a adultos, tenían fuerza de sobra para poder romperla, pero no lo intentaban de verdad porque seguían viviéndolo desde esa experiencia pasada.

¡Cuántos miedos quita comprobarlo, cuánta seguridad en uno mismo desarrolla el vernos romper cadenas que nos amarran!

No te puedo garantizar que será así y la realidad será menos adversa que tu pesadilla de terror, pero sí que puedo decirte que intentarlo es una inversión pequeña comparada con la ganancia que supone la lealtad con uno mismo y la honestidad congruente.

Todo esto puede parecer que es algo que te invito a hacer meramente por «lealtad» a ti mismo, que es algo duro y desagradable pero que «hay que hacer». No es así ni de coña. En primer lugar, porque no tienes por qué elegir hacerlo, puedes decidir que tu dolor y lo que quieres realmente no te importa una mierda, simplemente asume el precio de la ansiedad, la insatisfacción, la inseguridad o la depresión a consecuencia de ello. Todo tiene ese precio que has de pagar y, como ves, tratarte bien es enfrentar todo esto y tratarte mal es poder «pasar de ello». Todo tiene ese beneficio y ser congruente es la ausencia de malestar psicológico significativo y no serlo es no tener que comerte el marrón de mirar cosas dolorosas, de tomar decisiones difíciles. Es tu vida, así que tú decides.

Has de entender que, en tu vida, únicamente tú vas a disfrutar de los beneficios y vas a pagar el coste de cada una de tus decisiones. La vida es como ir a un restaurante para comer, así que elige el plato que te guste, sí, pero también el que tiene una factura que estás dispuesto a pagar sin amargarte por ello. No puedes tirarte la comida torturándote porque es caro o angustiado pensando cómo lo vas a pagar. Solamente tú puedes saber si te compensa, pues tú te lo comerás y tú lo pagarás, así que tú puedes hacer la contabilidad interna para elegirlo.

Pero, sobre todo, porque sentirse bien es la polla. El bienestar que te dan las cosas agradables, placeres de la vida como un orgasmo, una tarde de risas con amigos o un viaje, es algo pequeño, efímero y un poco hueco si lo comparas con el bienestar profundo que sientes como resultado de sentirte bien contigo mismo, y te sientes bien porque eres congruente. No te estoy diciendo que todas esas pequeñas cosas no importen, que no contribuyan a nuestra felicidad, simplemente te digo que no son nada al lado de ese estar bien contigo mismo. Seguro que cuando piensas en lo que merece la pena en tu vida salen pocas cosas como las vacaciones que te pegaste, la foto con más *likes* en tus redes o cuando perdiste unos kilos y sí aparece el cariño incondicional que te daba tu abuelo, el amigo que te escucha sin juzgarte o lo libre que te sentías con esa persona con la que simplemente podías ser tú y mostrarte de forma honesta. Esos son los momentos que atesoramos en el fondo de nuestro corazón, porque esos sí tienen ese bienestar que cala y satisface plenamente, y eso es lo que puedes darte si decides validar tu propio criterio y ser congruente con él.

## Paz interior

Desde luego, lo que sí nos da la congruencia con nosotros mismos es una enorme sensación de liberación, de estar *a gustico*, en paz con nosotros. Con frecuencia, lo que más tortura a las personas en su día a día es la sensación de conflicto íntimo entre lo que nos dice esa voz interior y lo que hacemos motivados por el miedo al rechazo o al ataque, por el precio a pagar de tomar esas decisiones que queremos.

Cuando nos permitimos sentir una emoción y no la reprimimos ni la evitamos, cuando satisfacemos una necesidad no cubierta, cuando elegimos libremente experimentamos una sensación de satisfacción profunda y llena de quietud. Estamos tranquilos, en el estado opuesto a la ansiedad. No hay ruido en la cabeza con aquello que sabemos que queremos hacer, pero no damos el paso; no hay conflicto entre la parte que nos dice lo que «tenemos que hacer» porque es lo correcto, porque si no, será terrible o porque otros esperan eso de nosotros, y la parte que nos dice con voz firme y clara lo que queremos y ansiamos.

Para mí, este estado de quietud mental, de satisfacción con nosotros mismos y de sentir que elegimos, dentro de lo que podemos, las personas, lo que ocurre en nuestra vida, es un estado mucho más agradable que el subidón efímero de la alegría, lo vacío de la autoestima como evaluación de mí mismo o en función de mis logros o ver las partes agradables y bonitas de la vida.

Este estado sí que me hace estar presente, en el aquí y el ahora de mi realidad, sin torturarme por lo que debí hacer en el pasado o debo hacer en el futuro inmediato. También hace que esté en el mundo real y no en mi mundo de fantasías donde sí me atrevo a hacer lo que quiero, al que recurro de forma cobarde para experimentarlo allí sin tener que pagar coste alguno; sin embargo, como todos los sueños, son algo efímero, solo aire, que nunca podrá saciarme realmente.

La paz interior te permite observarte realmente desde una aceptación que solo la congruencia puede dar, asumiendo todo lo que no te gusta de ti, siendo consciente de tus imperfecciones pero, a pesar de ello, eligiendo ser fiel a ti y a tu criterio. Porque no necesitas ser perfecto para tenerte lealtad y validar tu forma de entender las cosas, ya que ni siquiera necesitas que sea perfecta, necesitas simplemente que a ti te sirva. Como dice Rogers, «lo que soy bastaría si lo fuese honestamente». Y al saber que tú nunca te vas a rechazar, dejas de tener miedo de mostrarte a los demás de forma congruente, tal y como eres, sin necesidad de ponerte maquillajes, de posturear o de mendigar *likes* jugando a ser otra cosa respecto a lo que eres en tu verdad interna, en tu criterio o en cómo te sientes, ya sea en la vida real o en las redes sociales, alcanzando la posibilidad de poder ser auténtico, y eso es increíblemente liberador.

Piensa en cuántas cosas no dices, no haces o escondes. Piensa en cuánto tiempo pierdes de tu vida pendiente de lo que opinan otros de ti. Piensa en cuánto haces por tener la aprobación de otros y cuánto por tener la tuya propia. Pero no lo hagas desde el «que mal lo hago», sino piensa en la ansiedad que te genera el estar pendiente de otros, ese miedo a no gustar que te atormenta, a darle vueltas y quedarte enganchado en lo que pensarán de ti por tal o cual cosa, en cuántas veces, en vez de estar en una situación viviéndola de verdad, estás pendiente de qué imagen proyectas o de si está gustando o no.

Se vive muy ligero cuando tienes la mente en paz, cuando puedes mostrarte de forma auténtica con otros, y eso te permite que el «contacto» sea más real, ya que están viendo tu versión más honesta, más congruente, lo cual también hace que no tengas dudas de si te aman realmente. Y, sobre todo, sabes que lo haces tú, porque no escondes nada de ti, simplemente validas tu propio criterio al exponerlo libremente.

También deja de importarte tanto que las cosas salgan bien o mal, porque has sido congruente contigo mismo en hacer lo que quizás fue equivocado pero tú sentías en tu corazón. Hay un enorme consuelo en eso, hay un refugio en el que atrincherarte cuando todo va mal o cuando estás lleno de dudas. «Estoy más relajado porque concuerda lo que hago con lo que pienso», me decía hace dos días un paciente en la consulta, y es que el bienestar no depende tanto del resultado, ni siquiera de que sea un camino agradable o desagradable, de la presencia de placer o no, como de tener la mente en paz, porque estamos siendo honestos con nosotros mismos. Ahí está la conciencia tranquila, el diálogo relajado entre las partes de nosotros que no se reprochan nada y no se enfrentan entre ellas, sin conflictos internos.

Estar en guerra civil contigo mismo es, sin duda, lo peor que te puede pasar, porque es un conflicto del que no puedes escapar, no hay un solo momento de paz. Porque te conoces demasiado bien para engañarte o justificarte. Porque te llevas todos los golpes y sabes bien dónde darte de forma especialmente dolorosa. Esto nos genera ansiedad, irritabilidad, culpa, tristeza, vergüenza, pero, además, hace que no podamos sentirnos seguros con nosotros mismos, que no haya autoestima o confianza interna. La congruencia no solo aporta validación, nos anima a pelear por lo que queremos, a asumir riesgos, nos ayuda a estar presentes o nos da paz mental; la congruencia es el mayor de los actos de amor con nosotros mismos. Y sentirse amado es de las mejores sensaciones del mundo.

Existe un goce indescriptible cuando sientes que te amas y te importas, pero no de boquilla, sino de verdad, fruto de elegir ser fiel y honesto con aquello que eres y eliges libremente, cuando pasas a sentirlo en tu interior y a saberlo como una certeza absoluta. Te puede parecer ridículo, pero la primera vez que le dije a mi psicólogo que me quería, la sensación de bienestar que me invadió fue tan intensa que rompí a llorar, de hecho, ahora mismo, cuando escribo estas palabras, se me humedecen los ojos.

Cuando mis pacientes comienzan a hacer todo esto, de pronto me cuentan en consulta que empiezan a darse cuenta de que se sienten así. De que se importan, de que están orgullosos de sí mismos, de que se quieren. Y no lo dicen como una idea, es algo que saben, y lo saben porque se sorprenden comportándose en consecuencia con eso: «Ya no me callo cuando me molesta», «ya no me abandono y finjo que todo va bien. Si necesito llorar, lo hago», «me muestro tal y como soy, no sabes lo liberador que es hablar sin estar pendiente de qué pensarán los tíos de mí», «ya no tengo ansiedad pensando en cómo tenerlo todo bajo control, acepto que puedo fallar, que no soy bueno en todo y, aun así, merezco la pena».

Ser libre para hacer lo que queremos, ser libre para mostrarnos tal y como somos, ser libre del miedo al dolor para vivir de verdad, ser libre para asumir los costes, ser libre para aceptarnos tal y como somos, ser libre de la actividad de la mente, ser libre del reproche, la culpabilidad y la vergüenza, ser libre para ser tú.

# 7

# Trátate bien

«El dinero y los cojones, para las ocasiones».

Refranero español

## Relación con nosotros mismos

Las personas estamos en relación con nosotros mismos. Continuamente nos estamos hablando (el pensamiento no es otra cosa que un diálogo interno), pero no solo a nivel verbal, sino, sobre todo, a nivel procedimental, es decir, con aquello que hacemos o, más bien, nos hacemos o permitimos que otros nos hagan. Esta comunicación no es únicamente un mensaje, es, sobre todo, «tratarnos».

De este modo, las personas estamos todo el rato tratándonos. Es algo así como una masturbación vital: cuando nos masturbamos, nos damos placer, pero también lo recibimos. Somos emisores y receptores de esa conducta. Las personas estamos en continua relación con nosotros mismos en cada pequeño acto que hacemos: cuando dedico tiempo a asearme o ir presentable, me estoy diciendo que soy importante; cuando saco tiempo para una actividad que me gusta, me digo que tengo derecho a disfrutar y que la vida es más que productividad u obligaciones; cuando cometo alguna cagada y no me torturo con ello, me concedo el derecho a ser falible y cometer errores; cuando me esfuerzo y trabajo por conseguir un objetivo que es importante para mí, me estoy diciendo que merece la pena invertir en mí... Y así todo el rato, en cierto modo, cada pequeña acción que realizamos no es solo la acción en sí misma, sino cómo nos estamos tratando.

Y podemos tratarnos bien, regulero o mal.

Otra idea importante para que este rollo de «tratarse bien» tenga lógica y no sea otra puta frasecita vacía consiste en entender que dentro de cada persona existen diferentes partes o, más bien, facetas de uno mismo. Las personas tenemos una parte fuerte, pero también una parte débil, una parte entregada y otra egoísta... Casi cualquier cualidad humana tiene su opuesta o, más bien, su complementaria.

Normalmente lo vivimos como realidades diferentes, pero en el fondo, como suelo decirles a mis pacientes en terapia, «la cara y la cruz son la misma jodida moneda». Las personas, habitualmente, vivimos bien nuestras facetas o partes, pero, como es lógico, tratamos de «negar» o «escindir» (es decir, tratar de no sentir o conectar con ellas) las partes que están asociadas a experiencias de dolor intenso, porque nos hacen sentirmos vulnerables o fueron rechazadas, reprobadas o atacadas.

Como esta idea de que estamos en relación con nosotros mismos y que hay «partes» de cada uno (no es más que una metáfora, tranquilo), vamos a analizar primero lo que intento decir con un tipo de relación con la que estamos más acostumbrados, con la que construimos con otras personas. Así que os voy a poner algunos ejemplos de relaciones importantes (actuales o pasadas) para mí.

Tuve una novia que tenía un buen problema con su familia. Era un asunto enormemente complicado, con sentimientos muy encontrados para ella, y con una situación cambiante, a veces muy buena y otras terrible, que, lógicamente, le afectaba y le generaba profundas emociones de tristeza, rabia, ansiedad o culpa. No es que fuese una persona pusilánime (de hecho, es la tía con más cojones que conozco, ya quisiera yo tener la mitad que ella) o negativa, es que los quería mucho y resultaba difícil para ella. Esto implicaba que muchos fines de semana apenas tenía ganas de nada más que de quedarse en casa, que había momentos en los que solo podía llorar desconsoladamente o expresarme su rabia por una situación injusta. Era una tía de puta madre y una persona preciosa, pero tenía un buen percal en lo alto y a veces pues no era la alegría de la huerta precisamente.

¿Qué tipo de calaña humana hubiese sido si la hubiese tachado de persona «tóxica» o negativa? ¿Si cada vez que ella lloraba yo me hubiera limitado a cambiarle de tema y hablarle de lo bueno que sí había en su vida, como que era una profesional brillante o tenía amigos y pareja que la amaban y valoraban? ¿Recriminarle que debía ver lo bueno que sí le daba su familia? ¿Y si cada vez que estaba mal le hubiera recordado que era todo culpa suya por no salir de la zona de confort de una familia tóxica y que, por tanto, estaba mal porque quería? Joder, si amas a alguien, estás a las duras y a las maduras, en la salud y en la enfermedad y todo eso, que de eso va el amor.

Das un hombro sobre el que llorar, das palabras de ánimo y aliento, otras veces no das nada, pero estás ahí, para llorar con ella o simplemente que ella vea que te importa.

Otras veces sí la ayudas a despejarse, a ver lo bueno, hasta le echas un polvazo para que al menos durante unos minutos (que habitualmente los chicos contabilizamos como más que las chicas) se olvide del mundo y disfrute. Y claro que entonces era más agradable estar con ella, el día que estaba de buen humor, con una sonrisa preciosa, el día que tenía ganas de olvidarse de todo y se ponía guapísima para salir por ahí, el momento en el que hacía un chiste con su fina ironía y me descojonaba o el día que me contaba alguna reflexión brillante, con esa inteligencia tan brutal que tiene la jodía. Pero si solo haces eso, no la quieres una puta mierda.

Claro que también había partes en la que le señalaba problemas o la animaba a que tomase cartas en el asunto, pero no de una forma juzgadora ni con soluciones fáciles, estériles y reduccionistas en un problema tan sumamente complejo y que le generaba tanto sufrimiento.

Y, desde luego, lo que no hice nunca fue quitarle el jodido derecho a sentirse desdichada, a llorar, a estar mal y enfadada por tener que comerse semejante *brownie* con la gente a la que más quería.

Pues a todo esto que acabas de leer es a lo que te invita el 90 por ciento de las conferencias, frasecitas y libros de autoayuda que hay actualmente por ahí. A que lo hagas contigo, claro, porque cada vez que te dicen «céntrate en lo bueno» te están diciendo que te cambies de tema cuando la parte de ti que está jodida habla. Cada vez que te dicen que no hay que llorar y que las penas se van haciendo deporte, meditando o aprendiendo algo nuevo o teniendo experiencias te invitan a que te abandones cuando estás mal y solo te gustes con la parte buena, siendo un confiado de mierda contigo mismo. Cada vez que te llamas fracasado por no alcanzar tus objetivos, esos que debes fijarte sistemáticamente porque nunca eres lo suficientemente bueno, porque solo fuera de la zona de confort ocurren las cosas que merecen la pena (¿qué mierdas pasa?, ¿tú no mereces la pena tal y cómo eres?), te estás tratando a patadas, melón...

Así que si tienes claro que yo hice las cosas medianamente decentes (lógicamente, no siempre lograba estar zen y me afectaba, muchas veces la cagué y todo esto tenía un enorme coste para mí, pero lo pagaba con gusto porque la quería y esa es la forma en la que yo elijo amar) con esta novia que tuve, pues ¿por qué iba a ser diferente cómo debía tratarme a mí mismo? El amor es amor, y se expresa de la misma forma, sea con quien sea.

Porque, como dice el rapero Nach en la canción *Mi propio cielo*, «cuando el amor reconforta, nada de lo demás importa», y ese amor puede ser propio, puede ser algo que tú decides darte. A lo largo de tu vida tendrás muchas relaciones y muy diferentes, algunas de gran calado y otras insignificantes, pero una, solo una, será para toda la vida. Estará contigo en cada cosa que vivas, te acompañará en todos tus buenos y malos momentos, será muy consciente de cada cosa que le dices y haces, comprenderá como nadie cómo te sientes y será la que al final siempre estará contigo.

Esa persona eres tú.

Ya que me gusta citar a grandes pensadores cuando hablo para parecer más inteligente y darles a mis reflexiones un barniz de cierto valor sesudo, piensa que, como diría el cantante de reguetón Bad Bunny, estás contigo 24/7, así que reflexiona y elige cómo quieres tratarte (que, por cierto, me flipa el reguetón. No es muy profundo, no, y muchas veces da risa, pero, joder, cuando salgo a beberme unas copas y bailar, lo mismo no es el momento en el que me apetece escuchar versos de Silvio Rodríguez ni reflexionar sobre nada).

### Autocrítica y autosabotaje

La culpa y la autocrítica han sido siempre uno de los temas principales de la psicología. Ya el mismo Freud, en sus primeras teorías, hablaba de la existencia de una parte del psiquismo, el superyó, que es algo así como Pepito Grillo: la interiorización de la parte de nosotros que nos señala y que nos dice que hacemos mal las cosas. El introyecto de las normas morales y éticas de cada cultura, que tiene una parte buena, pues permite que vivamos en sociedad, pero suele ser excesivamente «castrador»; vamos, que aprieta de más y nos machaca (se critica fácilmente a Freud hoy en día. Lo de que recomendase consumir cocaína tampoco le ayuda mucho al hombre. Muchas de sus teorías han quedado obsoletas, pero es increíble cómo intuyó de forma tan acertada tantas cosas que siguen plenamente vigentes).

La autocrítica es uno de los mayores problemas de salud mental y bienestar personal que tenemos en Occidente. Aunque aparentemente puede parecer positiva, porque parece que es fruto de tener un espíritu analítico y crítico junto con una buena dosis de humildad y falta de ego, realmente sabemos, mediante estudios científicos, que no es algo que ayude a avanzar o que motive a las personas para ser mejores[1]. Además, para conseguir cosas, sobre todo hemos de intentar hacerlas, asumir el riesgo a probar y fracasar, algo que es mucho más difícil para las personas autocríticas porque saben que, como les salga mal, su juez interno no tendrá piedad.

Nuestra parte autocrítica simplemente tiende más a echarnos mierda a la cara y a fustigarnos ante cualquier error que cometemos; a tratarnos de forma sádica y cruel en un juego perverso en el que no nos damos cuenta de que, como en cualquier otro aspecto de la relación con nosotros mismos, no solo damos los latigazos, sino que también los

---

[1] Powers, T. A., Koestner, R., Zuroff, D. C., Milyavskaya, M., y Gorin, A. A. (2011). «The effects of self-criticism and self-oriented perfectionism on goal pursuit». *Personality and Social Psychology Bulletin*, 37(7), 964-975.

recibimos. Es algo casi masturbatorio, donde, en vez de darnos y recibir placer, lo hacemos con ataques y reproches en función de unos «deberías» que hablan de unas exigencias a nivel de rendimiento, moral, aspecto estético u otras variables con las que nos machacamos todo el puto día con el mismo onanismo que muestra un adolescente un día en su casa sin sus padres y nada que hacer (de ahí que Fritz Perls hiciese el polémico comentario de «*You must, you must... masturbation*»).

Si esto siempre estuvo presente, actualmente no ha parado de aumentar, exactamente en el mismo grado que los cuadros de ansiedad y depresión. Por un lado, porque tenemos una sociedad cada vez más competitiva, con una cosificación de las personas en gran medida por una autoestima mal entendida y que se basa meramente en los logros, cualidades y posesiones materiales, algo que la industria del *marketing* ha sabido explotar muy bien para vender sus productos. Por otro, porque las redes sociales promueven enormemente que estés todo el rato postureando y proyectando una imagen distorsionada de ti mismo para gustar más, con el problema de que tú no te puedes engañar a ti mismo y, sin embargo, otros sí que lo hacen contigo, así que cada vez que te metes en Instagram o Facebook ves la supuesta perfección de otros con los que no puedes evitar compararte, y como no puedes ser mejor en todo, y encima en redes tienes a muchísimas personas, pues sueles salir perdiendo. Todo esto le da a tu autocrítica tela de munición para joderte vivo... Tú también se lo estás poniendo en bandeja, *compae*.

Pero esto no va de decir que la autocrítica es mala, va de que tomes conciencia del daño que te haces, de cómo te estás tratando de mal, de lo sádico que puedes llegar a ser contigo mismo. Porque sabes tan bien como yo que te dices cosas del tipo «gorda de mierda», «maricón cobarde», «tonta», «perdedor y pringado» y otras lindezas. Cosas que posiblemente no le dirías a otra persona a la cara por un mínimo de decencia y respeto, pero a ti bien que te las dices, ¿eh?

Porque no ir a rescatarte cuando estás en el suelo sangrando está feo, pero encima darte una somanta de hostias cuando te acaban de tumbar es a todas luces perverso.

Es importante que te des cuenta del daño que te hacen las tremendas palizas que te das. Ahora, piensa cómo influye eso en la seguridad en ti mismo, en que estés contento o triste, en que te gustes, en no estar encabronado o hasta la polla todo el santo día, en que te den ataques de ansiedad o en que haya momentos en que no puedas más y se te vaya la puta olla y hagas eso que no quieres hacer pero siempre terminas haciendo (beber de más, meterte una raya de farlopa, darte un atracón de comida, purgarte, tratar mal a la gente que quieres...).

Piensa también en si te lo mereces. Que seguro que la cagas de mil formas posibles y hay cosas de ti que no te gustan un carajo. Pero también estoy seguro de que sufres y que intentas hacerlo medianamente bien. ¿Tan malo y despreciable eres para tratarte con ese nivel de crueldad?

Porque saber tus limitaciones, lo que haces mal o ser humilde no tiene nada que ver con criticarte. Yo sé que soy extremadamente torpe, que soy desordenado, que a veces me faltan cojones para pelear, que le doy demasiada importancia a gustar a los demás o que, por mucho que lo desee, nunca seré el gran ligón, el follarín de los bosques que me encantaría ser (fíjate, tanta psicología y profundidad y al final pierdo el culo por algo tan superficial como esto, aunque gracias a mis dos años de terapia personal he aprendido a que «el volumen» de esa parte esté mucho más bajo y ya no gobierne mi vida). Todo eso hace que muchas veces haga las cosas mal, que la cague, que me meta en mil embolados, que no consiga mis objetivos o, simplemente, que no me guste lo que veo de mí cuando veo esas partes. La pregunta entonces es: ¿me voy a dar una paliza por eso? Si ya me jode y me hace sufrir, ¿voy encima a fustigarme hasta reventar?

En *La cura Schopenhauer*, de Irvin Yalom (psiquiatra humanista, catedrático de la Universidad de Stanford y referente mundial en terapia de grupo), una novela cuya lectura disfruté como una perra, uno de los personajes dice una frase que me gustó tanto que casi me la tatúo en el escroto: «La terapia comienza donde termina la culpabilidad y empiezas a responsabilizarte de lo que te pasa». Porque si quieres cambiar lo que haces mal, lo que debes hacer es responsabilizarte de ello, no echarte mierda a la cara, porque criticarte no ayuda un carajo a cambiar las cosas, es solo decirte cosas feas. Permitirte sentir emociones desagradables; mirar un problema, que preferirías evitar, para poder entenderlo; dejar de gastarte la pasta en compras porque estás mal y hacerlo en psicoterapia para cambiarlo o asumir riesgos por aquello que realmente deseas, eso sí cambiará lo que no te gusta de ti o te hace daño.

Quizás es buena idea que apartes por un momento todos esos objetivos que te pones y que te pares a tomar conciencia del tipo de cosas que te dices cada día, si te animan a avanzar o hacen que te sientas mejor, y a darte cuenta de cuánto dolor te generan. Una buena forma de hacerlo es simplemente escribir esos pensamientos en un papel y mirarlos un rato, estando atento a cómo te hacen sentir, y pensar si te importas tan poco como para hacerte eso, si es así como quieres tratarte.

Pero criticarnos de forma sádica y descarnada no es la única forma en la que a veces nos tratamos mal, ya que al igual que se puede pecar por acción, también se hace por omisión. Y es que muchas veces somos nuestros peores enemigos no por tratarnos mal, sino por autosabotearnos.

Es algo que hacemos cuando se activa en nosotros esa parte que no quiere esforzarse, que prefiere pasar de nosotros y de nuestro dolor y simplemente desea hacer algo que le permita no mirar, no tener conciencia de la parte de nosotros que sufre. La parte que pasa de nosotros y a la que nuestro dolor le da bastante igual, haciendo que ignores lo que ocurre en tu vida. Es la parte que, sencillamente, no quiere hacer nada por no enfrentar la adversidad o por no exponerse a algo doloroso, como el rechazo o el fracaso. Así que está todo el rato intentando evadirse, buscando rutas de escape de forma compulsiva, como fumar porros, estar todo el día viciándote con los videojuegos, consumir series sin parar, ingiriendo comida basura para llenar el vacío en vez de mirarlo.

Aunque, sin lugar a dudas, su mejor arma es la de manipularte mentalmente. Es la parte que te dice que aquello que te pasa no es tan importante, que le quita hierro a tu malestar diciéndote que lo que te pasa no es tan grave, que no es suficiente como para ponerte a hacer el esfuerzo titánico de cambiar o para que te comprometas con ello. Es la parte que intenta atenuar el dolor para volverlo pasivo y así poder convertirlo en algo crónico, con lo que aprendes a convivir aunque se convierte en una gangrena que poco a poco te pudre. Así, como «no estás tan mal» o «no duele tanto» o «te has acostumbrado a vivir con ello», no tienes que enfrentarlo ni abordar la dura tarea de cambiarlo. Simplemente mira a otro lado, ocupa tu cabeza, repítete que no es tan grave y podrás pasar de ti sin tener que asumir la responsabilidad de tu propia felicidad, que te empuja a hacer cosas.

Otras veces no desvaloriza tu dolor, sino que le resta importancia a lo que deseas. Cuando consigues algo, te dice que no es tan bueno y le quita valor, no vaya a ser que, si reconoces lo mucho que te aporta, tengas que seguir esforzándote o asumiendo riesgos por conseguir más de eso. Te dice que eso con lo que fantaseas no merecerá la pena, no será tan fantástico ni tan genial como tú te lo imaginas, para quitarte la motivación que tienes para alcanzarlo. Te invita a procrastinar, a decirte que no es urgente, que ya lo harás otro día o que, si te pones a hacerlo, no des el cien por cien, a que no te esfuerces del todo o te impliques seriamente. Sencillamente, tú y lo que quieras de la vida no merecéis la pena.

Su última arma, aunque no es la menos importante, es decirte que no eres capaz. Te asegura que eres un ser débil, desvalido e inepto, así que no tiene sentido que enfrentes tareas por mucho que desees algo o te duela una realidad (que encima suele adulterar).

Para el autosabotaje sí puedo darte un consejo práctico, una especie de regla (aunque esto tiene cierto reduccionismo), y no es otro que si después de estar un rato dándole vueltas en tu cabeza, dialogando contigo mismo, el final de tu argumentación es no hacer algo que sí deseas profundamente, es muy posible que sea algo ante lo que debas rebelarte y no creértelo.

Además, no es solo qué nos decimos y cómo, sino también la sorprendente capacidad que ostentamos de tener una hipócrita doble vara de medir, siendo normalmente examinadores excesivamente severos, a quienes todo les parece que está mal, cuando se trata de ver nuestros fallos (autocrítica), o excesivamente laxos, justificándonos en demasía y minimizando el impacto, en nosotros mismos o en otros, cuando se trata de nuestras acciones condicionadas por la cobardía (autosabotaje), a fin de no tener que cambiar nada.

Tu sabotaje y tu autocrítica son algo que ves como natural, frecuente, cuando se trata de un profundo maltrato a ti mismo. Algo que puede ocurrir ya en «piloto automático» porque llevas mucho tiempo haciéndolo. Pero no puedes normalizar tratarte mal, joder. Espabila, toma conciencia del daño que te produces por acción o por omisión. Cómo no vas a tener luego ansiedad si esta es una respuesta ante el peligro, si sabes que convives con tu peor enemigo; cómo vas a tener un estado de ánimo alegre, positivo o proactivo si siempre te estás diciendo que eres asqueroso o no mereces la pena; cómo vas a tener la mente calmada si siempre estás torturándote; cómo no perder el control cuando vuelves tu vida un suplicio; cómo no autodestruirte con la comida, con los videojuegos, las relaciones de pareja, con los porros o lo que sea que hagas cuando al final te comunicas, por mirar a otro lado o por hacerte daño, que tu sufrimiento, sencillamente, no tiene la menor importancia; cómo vas a poner límites a quien te hace daño si no eres merecedor de respeto.

¿Quieres confianza en ti mismo? Deja de ser tu peor enemigo.

¿Quieres tener seguridad? Que dentro de ti tu alma tenga un apoyo incondicional y alguien que se conmueve y se preocupa genuinamente por lo que te pasa y que está dispuesto a partirse la cara.

La sintomatología psicológica, e incluso gran parte de las enfermedades mentales de tipo no biológico (es decir, aquellas que no son resultados de alteraciones en el sistema nervioso), son una consecuencia directa de la relación que construimos con nosotros mismos.

Son tus heridas las que sangran. Es tu alma la que llora. Que es tu dolor, joder, no el de tu primo o el de tu vecino del tercero. Pero tú sigue diciéndote de todo. Sigue torturándote por cada error. Sigue reviviendo en tu mente todo aquello en que la cagaste, mientras te juzgas con crueldad al ver la película de tu desdicha. O mejor aún, no la veas, pasa de ti, total, ¿para qué? En el fondo, hace mucho que decidiste que no valías un carajo, que preferías abandonarte y estabas dispuesto a perder la ilusión por la vida con tal de estar calentito en tu propia mierda segura y ajena a la realidad, muriéndote poco a poco pero volviéndote así insensible a tu propio dolor.

Estoy seguro de que no tratas así de mal a nadie, ni siquiera a esa persona que te cae fatal; seguro que a esa, si la vieses devastada llorando, la tratarías con un mínimo no ya de cariño o empatía, sino de respeto. Cuando tus amigos están mal por algo que se han buscado, ¿los criticas o tratas de darles ánimos? ¿Pasas de ellos y te mantienes impávido ante su dolor? ¿Les dices todo el rato que su vida no merece la pena y, por tanto, que no se esfuercen? Seguro que les señalas la parte en la que a cualquiera puede pasarle eso, les haces ver que las cosas no son blancas o negras y no todo es culpa suya, o al menos les infieres palabras de consuelo y les haces darse cuenta de que al menos no están solos, que a ti sí te conmueve lo que les pasa, que merecen la pena como personas a pesar de sus errores y defectos. «Jódete, tú te lo has buscado», «No te rayes, no mereces la pena», «Te mereces cada cosa que te pasa porque das asco», «A mí no me cuentes tus mierdas», «No te esfuerces, nunca lo vas a conseguir»... ¿Cómo te sentirías de culpable si le dijeses esas cosas a algún ser querido en un momento de crisis?

Ojalá te tratases, al menos, como tratas a otros.

## Amar también es llorar y luchar

El amor tiene buena prensa. Es bonito, suena guay, se puede decir con letras rosas y poner en dibujos. Da para comedias románticas de actores guapísimos e ideales y queda genial en canciones, como *All You Need Is Love*, de los Beatles, o *Como yo te amo*, de Rocío Jurado (menudo temazo, por cierto).

Nos gusta verlo en los dos adolescentes que se cogen la mano en el parque; en los dos universitarios que hacen el amor extasiados y se pierden uno en el cuerpo del otro y se olvidan un ratito del mundo; en el papá y la mamá que logran un día tener «plan de pareja» y encasquetan los niños a los abuelos para poder hacer eso casi desconocido de arreglarse y cenar sin estar pendientes de nada más allá de la conversación y el vinito (me encanta cuando los veo en un restaurante, con más ilusión en la cara que un niño en Disneyland); o en los ancianos que siguen saliendo los domingos a tomarse un dulce con un café y a lo mejor no hablan mucho, pero porque se disfrutan así, tranquilos, el uno con el otro, y les basta su compañía.

Sé que a veces soy más basto que la lencería de esparto, pero te juro de corazón que cuando veo estas escenas siempre me arrancan una sonrisa honesta (iba a escribir «cursi», pero no, mejor «honesta», porque de verdad que es algo que me gusta ver). Me alegra el corazón poder ser testigo de esos gestos, de esas expresiones de algo tan jodidamente hermoso.

Con frecuencia habrás leído u oído sobre la importancia de «amarnos a nosotros mismos», o cosas similares, y supongo que muchas veces entenderás que eso la tiene, pero no te queda del todo claro cómo coño se hace, cómo se ejecuta ese mensaje que suele venir rodeado de florecitas y corazones, aunque sin ninguna indicación mínimamente práctica a la hora de ejecutarlo. Así que te quedas entendiendo que eso puede ser una clave del asunto, pero frustrado y más perdido que un pulpo en un garaje.

Otra muy típica de la autoayuda: decir la importancia de algo y dar eslóganes grandilocuentes para que lo hagas, pero hablar poco de lo realmente difícil, el «cómo» más allá del «qué» (la otra pregunta clave es «por qué» hacerlo, pero no el «es bueno» o el «está demostrado», sino tu razón íntima para hacerlo, remangarte y ponerte a currar en ese cambio que es solo tuyo).

Llorar y pelear. Suenan algo peor, pero, desde determinado sitio, forman parte de la experiencia de amar. Puede que tristeza y rabia parezcan (y, de hecho, lo son) emociones diferentes del amor, pero pueden ser consecuencias del mismo, manifestándose de forma «amorosa». Son emociones que experimentas precisamente porque son reacciones a algo que le ocurre a aquello que es objeto de nuestro amor.

La tristeza amorosa no sería otra que la compasión, es decir, cuando al contemplar el dolor de otra persona no solo empatizamos con ella, sino que, además, nos remueve por dentro, poniéndonos tristes y conmoviéndonos. Amas tanto al otro que su dolor no te resulta indiferente, sino que te hace sufrir a ti también y, por tanto, te motiva, te mueve a intentar aliviarlo, aunque a veces lo único que podamos hacer sea ofrecer un hombro sobre el que llorar o transmitirle al otro que nos importa (lo cual, pese a que no lo parezca, muchas veces es lo que más necesita la gente).

En efecto, estamos hablando de que algo que amas te dé pena, pero, joder, es que si cuando amas algo y está pasándolo realmente mal no te da pena, no lo quieres mucho, ¿no? Sin embargo, con frecuencia oímos ese «das pena» como algo negativo y vergonzoso. El altruismo de las ONG y de los activistas, el *dharma* del budismo, la solidaridad obrera del marxismo o la caridad cristiana de los católicos son expresiones conductuales de ese sentimiento de pena, de esa compasión al ser testigos del dolor de otro, y creo que son una hermosa expresión de amor y empatía hacia nuestros semejantes.

Personalmente, cuando estoy mal, espero darle mogollón de pena a toda la gente que supuestamente me quiere y, sobre todo, a mí mismo.

¿Te sorprende? Puede que no suene genial ese «Me doy pena»; cuando me la he dado no estaba en mi mejor momento, ni estaba mirando la parte de mí que más me gusta, desde luego, pero significa que mi dolor me importa; significa que no soy un espectador indiferente a mi sufrimiento, porque es el mío, no el de mi vecino del tercero, y tendría muy poca vergüenza conmigo mismo si me diera absolutamente igual. A esa pena hacia uno mismo que viene del amor, que viene del deseo de querer consolar o aliviar ese sufrimiento, es lo que se denomina en psicología «autocompasión»; muchas veces lo verás con el término sin traducir *self-kindness*, que queda mucho más *cool*. Aunque es una idea que tiene mucho recorrido, desde prácticas espirituales de meditación autocompasiva hasta las psicoterapias humanistas (en especial, en la obra de Fritz Perls) o la filosofía de Kierkegaard, ahora en Norteamérica está siendo una de las nuevas modas del crecimiento personal y la autoayuda, donde aunque se están volviendo a cometer viejos errores, como elevarlo a receta mágica de la felicidad (no basta solo con ser compasivos con nosotros mismos), estirarlo hasta el simplismo o querer generalizarlo para todos sin estudiar cada caso, hay autores muy serios como, Kristin Neff, psicóloga cognitivo-conductual, o Leeslie Greenberg, psicólogo humanista de terapia focalizada en la emoción, que están demostrando sobradamente su evidencia científica como una mejor alternativa a la autoestima mal entendida o aprender a ver el lado bueno de las cosas para conseguir que las personas se sientan mejor consigo mismas y aquello que les pasa[2]. Por citar solo un par de ejemplos y no ponerme muy cansino con lo académico y la investigación, la autocompasión reduce los síntomas de

---

2 Greenberg, L. S. (2011). *Emotion-focused therapy*. American Psychological Association. Neff, K. D., Kirkpatrick, K. L., y Rude, S. S. (2007). «Self-compassion and adaptive psychological functioning». *Journal of Research in Personality*, 41(1), 139-154.

depresión y de ansiedad un 33-35 por ciento[3], y las personas autocompasivas ven influidos sus niveles hormonales de cortisol y su ritmo cardiaco, consecuencias del estrés y la ansiedad[4]. Pero en la consulta con mis pacientes, y también en mi propia experiencia como paciente y persona que, como todos, a veces sufre y lucha contra sus propios demonios, observo que ser compasivos con nosotros mismos genera una mejora importante en cómo nos sentimos y en nuestro bienestar, pues nos hace aceptarnos, querernos con nuestras propias limitaciones o nos mueve al cambio para defendernos, huir o dejar de criticarnos.

La autocompasión no es otra cosa que el hecho de que tu sufrimiento te conmueve, que te importa. Que te quieres tanto como para acompañar a la parte de ti que está jodida y no dejarla sola, apartándote de ella y abandonándola como si fuese una apestada. Que eres valiente y no vas a huir refugiándote en salir de fiesta, el deporte, los *likes* de las redes sociales, follando o las compras. Que no vas a criticarte y a llamarte «tóxico» por estar triste ni te vas a dar caña diciendo que es culpa tuya por ser «negativo». Que no te vas a obligar a taparla con una sonrisa estúpida y forzada, postureando que todo va bien cuando no es cierto. Que no te avergüenzas de ser humano, de tener una parte vulnerable como todos, que tienes derecho a estar mal y que, como no es nada de lo que sentirse culpable, vas a no ocultarla y vas a permitirte sentirla, oyendo y valorando lo que tiene que decir, dejándole tiempo para expresarse, para llorar y para integrar todo ese dolor. Que, aunque la pena da miedo, confías en ti como para darle un espacio

---

[3] Neff, K. (2011). *Self-compassion*. Hachette UK.

[4] Rockliff, Helen y otros (2008). «A Pilot Exploration of Heart Rate Variability and Salivary Cortisol Responses to Compassion-Focused Imagery», *Clinical Neuropsychiatry*, 5, 132-139.

y sabes que no te quebrará, y que precisamente esa pena será la que te moverá a hacer cosas por ti, que tu corazón conmovido bombeará sangre para los esfuerzos que vengan destinados a cambiar y poder reparar esa herida y salir adelante.

Pero no darte caña y tratarte bien no solo es algo que te consuela, te da ánimos; es algo que, además, te hace más efectivo. De la misma forma que antes te cité investigaciones que han evidenciado que la autocrítica no es una buena estrategia para avanzar, esta compasión no victimista es una buena forma de provocar cambios y aprender nuevas habilidades. Ya psicólogos especializados en el aprendizaje como Bandura o Vigotsky demostraron que aprendemos más rápido y mejor cuando quien nos enseña es una figura emocionalmente positiva y representativa, probablemente porque al sentirnos seguros y arropados nos atrevemos a intentarlo más. La psicología básica también ha demostrado que el aprendizaje depende en gran medida de la intensidad emocional asociada al mismo.

Esa figura puedes ser tú mismo. Tú puedes ser emocionalmente representativo a través de la autocompasión, de esa pena amorosa ante tus propios errores y frustraciones en el proceso de aprender y cambiar.

Sobre cómo hacerlo, te diré que la clave es mirar tu propio dolor. «¿Cómo me duele esto que estoy sintiendo? Cuando me veo así de jodido, ¿me importa?, ¿me da pena?, ¿me conmueve?». También puedes hacerte preguntas que aparentemente son raras, pero efectivas, como «si mis lágrimas hablasen, ¿qué me dirían?». Mirar y, sobre todo, experienciar, permitirnos sentir la propia tristeza, es algo muy duro, pero increíblemente positivo (por la exposición y la no evitación emocional, porque nos ayuda a entenderlo, porque nos moviliza al cambio y saca fuerzas de flaqueza y por todo lo que te conté en el capítulo 2. Hay mil formas de hacerlo, casi tantas como personas, pero la más normal consiste en llorar al contemplar nuestro propio dolor.

Existen recursos técnicos, que son simplemente aquellos que yo llamo «facilitadores», formatos o imágenes mentales que nos ayudan a darle forma a ese sentimiento ambiguo o a poder sentirlo más intensamente, para contactar más con esa emoción, para «subirle el volumen». Como ya te he comentado, muchos terapeutas consideran que lo importante es la técnica y se pierden mucho en la misma, a veces buscando, por ego, reacciones y métodos muy «peliculeros». Que se flipan, vamos. Cualquier cosa es buena si te sirve para poder sentir esa emoción y expresarla, si provoca en ti una respuesta emocional suficientemente intensa (hay personas que necesitan quebrarse y llorar; a otras los ojos se les ponen vidriosos y se conmueven de forma tranquila) y te sientes cómodo haciéndola. Se trata de tu subjetividad, así que no esperes que tenga mucho sentido. Te animo incluso a que te atrevas a hacer cosas en las que en principio «no te ves».

Muchas de estas técnicas raras buscan activar, a través de la experiencia, de la acción, en lugar del pensamiento o de lo simbólico y representativo, estructuras neuronales como la amígdala, el hipocampo o el núcleo *accumbens*, que controlan el lado más emocional del cerebro y que por eso provocan cambios en nuestras emociones, aunque a un nivel «racional» carezcan de sentido. Es simplemente porque no activan de forma especialmente intensa las áreas del cerebro que manejan el lenguaje. Por eso, «de cabeza», pueden parecer estúpidas, pero no «de tripas», no desde esa forma en la que nuestra certeza interna nos habla. En lo que nos emociona, lo que nos quiebra la voz, lo que nos saca una sonrisa honesta y deslumbrante, lo que pone nuestros ojos vidriosos, ahí está tu verdad.

He visto pacientes con los que ha resultado muy eficaz pedirles que se escriban una carta a sí mismos donde se digan de corazón qué sienten hacia la parte de ellos que sufre. Otros con inquietudes o trabajos más creativos han pintado o expresado por medio del arte o similares su pena por verse jodidos (es lo que en el psicoanálisis se llama «sublimación», que no es solo aplicable al deseo sexual). Otros, como en la espectacular escena de la película francesa *Angel-A* (la hostia para un día de sofá y manta mientras afuera llueve), se han mirado al espejo y se han dicho con lágrimas en los ojos que les importaba lo que estaban pasando y que, a pesar de sus errores y su lamentable situación actual, se amaban y decidían acompañarse. Mis pacientes más analíticos y racionales han optado por hacer una lista de sus motivos para tener derecho a estar tristes, asignando una puntuación del uno al diez al dolor que les generaba a cada uno de ellos dar un paseo solo por la calle, la playa o un parque oyendo una música tristona que les facilita conectar con su propia pena. Otros que se han «autoabrazado» y con eso han expresado su cariño hacia sí mismos (que parece ridículo, pero también te «tocas» cuando te haces una paja o un *finger* y pones caras raras, ¿no? Pues que tratarte bien te importe tanto como darte placer). Quedar con amigos o seres queridos para contarles lo que te pasa y te pone triste y así poder «mirarlo y estar con ello» al hacerlo, recordar todo lo duro que nos ha pasado y tomar conciencia de nuestro cansancio y dolor vital y ver cómo nos hace sentir. Personas que se imaginan frente a ellos a su «yo triste» y hablan con él como si tuviesen una conversación, manteniendo un diálogo entre ellos mismos y su tristeza.

Para este último puede resultar difícil «meterse» en la escena y normalmente no se consigue mucho sin el trabajo facilitador de un terapeuta especializado en este tipo de «técnicas de silla vacía» (que es como se llaman). Gracias al trabajo en psicoterapia, ya aprendes a hacerlo solo, y son increíblemente efectivas cuando se logra.

Como puedes ver, es un tema complejo. Teniendo en cuenta que este es un libro con ciertas indicaciones, opiniones y mis divagaciones personales al respecto, no es el lugar para entrar en profundidad en la materia técnica del asunto, pero intentar mirar tu dolor, no sentirte culpable ni criticarte por ello y poder sentir compasión por ti mismo es la clave, dando un poco igual cómo lo consigues. Básicamente consiste en tratarte como lo harías con un buen amigo: con cariño, dignidad, respeto y sin quedarte al margen, emocionándote.

Hasta aquí con la tristeza amorosa, la autocompasión. Así que ahora vamos con la otra expresión de amor en el dolor: la rabia y la lucha amorosa por ti.

Esta es aún más difícil de vender y entender en un mundo dominado por lo políticamente correcto, donde se impone la narrativa de una generación de *millennials* que se creen que todo en la vida debe ser bonito y agradable y que el amor se expresa únicamente en forma de buen rollo, decir que eres muy tolerante en redes sociales y dar mimitos.

Pues todo eso está muy bien, pero no, hay un amor que solo se expresa a través del combate y de estar dispuestos a hacer grandes esfuerzos, a asumir riesgos por aquello que amamos, a tener líneas rojas que estamos decididos a defender a capa y espada, a enseñar los colmillos o incluso a llevarnos alguna hostia o consecuencia negativa porque nos importa el sufrimiento y el dolor de aquello que amamos. Pero no me refiero a la pelea solo en términos de conflicto, sino también de luchar por lo que queremos.

«Pon límites», «sé asertivo» o «sé fiel a ti mismo» son eslóganes fáciles y ciertos, pero se suele obviar que muchas veces lo único que nos permite hacer todo eso es la mala leche, y no es que seas un cabrón desalmado o un psicópata, es que si amas algo y alguien le hace daño a eso que amas, lo normal es que te enfades y que ese enfado te mueva a la acción. Así, si yo entro en la habitación donde está la camada de cachorritos de una perra labrador, que son unos canes bastante amigables y tranquilos, pero empiezo a patear a sus crías, esa labradora se abalanzará sobre mí y me morderá en la yugular si puede, solo soltándola cuando yo esté muerto. Puede parecer cruel (a veces la vida y la naturaleza lo son), pero no es ni más ni menos que una expresión del amor de esa perra por sus hijos. Si a tu hijo le pegase en el colegio un profesor, ¿le darías solo consuelo y lo dejarías llorar y expresar su dolor sin luego ir al centro escolar y exigirle a la directiva que tomase cartas en el asunto y acabase con esa situación? Incluso si el colegio no hiciese nada o tratase de tapar el asunto, ¿no denunciarías y te gastarías el dinero en un abogado hasta conseguir proteger a tu hijo y hacer justicia? Si has respondido claramente que sí, pregúntate entonces por qué no lo haces cuando es a ti a quien le hacen daño, en esa relación en la que no te tratan bien, ese padre que siempre reprocha y te hace sentirte una mierda, esa familia política que te ningunea o humilla, en ese trabajo donde abusan de ti o en la situación que sea. ¿Tu dolor acaso te importa menos? Porque si estás dispuesto a plantar cara por otros pero no por ti no es porque no sepas o no tengas coraje, es porque tu dolor no te importa demasiado o lo suficiente.

Otras veces la batalla es con uno mismo. Con esa parte que nos trata mal porque nunca le parece suficiente lo que alcanzamos, porque siempre nos señala lo que está mal o porque huye y no piensa esforzarse por ti. A esa parte, tu dolor le da exactamente igual, oye tu lamento como el que oye llover y, por desgracia, no siempre basta con la fuerza de la autocompasión para pararla, para que cese en su ataque o en el autosabotaje de no hacer nada. Contra esa parte de ti, contra la que te lo pone difícil o te impide avanzar, también debes luchar, llegando a enfadarte con ella si es necesario, cogiéndola por las solapas y exigiéndole que deje de joderte, que tú sí mereces la pena y que tu dolor importa, que no vas a permitirle jamás que diga lo contrario.

Pero el término de «rabia amorosa» o de «luchar por ti» no siempre tiene que ser violencia o situaciones en las que nos «atacan». Ni siquiera poner límites o defendernos. Se trata de lucha en el sentido más amplio de la palabra, en el de estar dispuestos a esforzarnos y desfallecer peleando por aquello que queremos o necesitamos para ser felices (con quererlo es suficiente, que a veces solo nos damos permisos o comprometemos si es cuestión de vida o muerte, tal y como me señaló en una sesión mi psicólogo. ¡Gracias, Juanpe!). Hacer lo que sea necesario, por duro que resulte o por mucho miedo que nos dé.

Decidir poner fin a una relación de pareja donde no somos felices, explicarle a alguien que nos importa que no podamos hacernos cargo de su bienestar eternamente, invertir nuestros ahorros en montar ese negocio con el que fantaseamos, decidir cambiar de carrera cuando ya hemos iniciado nuestros estudios porque vemos que no nos satisfacen, dejar un puesto de trabajo bien remunerado o estable porque nos amarga, ponerle límites a un padre cuando nos dice lo que tenemos que hacer con nuestras vidas o entra demasiado en nuestra intimidad, aunque lo haga con toda la buena intención del mundo; hacer algo aun a sabiendas de que va a ser criticado y se nos van a juzgar simplemente porque queremos llevarlo a cabo, afrontar el tratamiento de una enfermedad adversa, volver con un ex porque creemos que ahora sí puede funcionar, a pesar de que en su momento le dijésemos a todo el mundo que era lo peor; o dejar de decir que queremos adelgazar de boquilla y gastarnos por una vez la pasta que no nos sobra en un entrenador personal y un nutricionista e ir en serio aunque suponga quitarnos de ciertos lujos son ejemplos de ese «luchar por ti».

Que nuestro dolor nos importe como para llorar y acompañarnos serviría de muy poco si no lo hiciese también como para protegernos, esforzarnos y luchar por nosotros mismos. Sería, como dice el refrán, «Mucho te quiero, perrito, pero pan poquito».

La vida tiene mucho de pelea, de apretar de dientes en momentos jodidos; de persistir y sacar fuerzas, aunque a veces no se sepa de dónde. Es el único camino si nos responsabilizamos de nuestra propia felicidad y bienestar.

Pero con frecuencia, las personas se sienten culpables por expresar su enfado para defenderse o por comprometerse una enormidad con algo que desean profundamente y dedicar a ello todos sus esfuerzos, ya que sienten que están siendo «egoístas» o que lo que quieren (y, sobre todo, ellos mismos) no resulta tan importante como para hacer esa inversión en tiempo, dinero o esfuerzo, que, lógicamente, es siempre a costa de otras cosas, actividades o personas. Al final, el amor hacia uno mismo es compromiso, y eso implica priorizar muchas veces, entender que tus recursos y capacidades son limitadas, que tienes que elegir ponerlas en una cosa u otra, y muchas veces nadie verá bien tu opinión o será a costa de hacerle daño a una persona que te importa, pero es que hay que elegir y también es autoestima priorizarnos aceptando el precio a pagar en decepción, dolor, juicio o reproche ajeno. Por desgracia, en la vida con frecuencia solamente hay espacio para un «tu bienestar o el mío»; tienes que elegir entre si quieres tu aprobación y ser fiel a tu verdad o a la del otro, entre tu calma y descanso o la ansiedad de hacernos cargo de todo para obtener el cariño de otro; elegir si la hostia te la vas a llevar tú o, por defenderte, se la va a llevar el otro. Sin acritudes ni maldad genuina ni ensañamiento, pero se la va a llevar bien calentita.

Muchas veces la pelea, en especial cuando tiene más que ver con defendernos de ataques, nos da mucho miedo, porque hemos tenido experiencias de vida en las que nos hemos sentido vulnerables e indefensos, normalmente por situaciones ante las que no podíamos defendernos de manera eficaz, en las que vivíamos algo que nos hacía daño y ante lo que no podíamos hacer nada. Esto ocurre especialmente en la infancia, cuando más débiles y menos autónomos somos. Es lo que se llama «indefensión aprendida» en psicología, y consiste en que cuando un ser vivo no puede desarrollar un aprendizaje que le permita defenderse, interioriza ese «no puede hacerse nada» y, aunque luego sí que pueda aprender a defenderse, es incapaz de adquirir ese aprendizaje que en circunstancias normales sí habría adquirido, así que simplemente se queda bloqueado y sufre lo que le ocurre. Llegado a ese punto, es extremadamente complejo cambiarlo solo y suele ser indispensable acudir a un profesional sanitario.

Querer luchar por nosotros, sentir esa indignación por nuestro dolor sea cual sea su fuente, nos da las fuerzas, el coraje de enfrentarnos a eso que proporciona tanto miedo. La sensación de injusticia por no hacer nada por nosotros o por permitir que nos hagan daño nos da la determinación que necesitamos para apostar de verdad e ir a por todas asumiendo los riesgos. Puede ser un sentimiento tan intenso que nos desbloquee y, de pronto, nos haga sentir capaces de enfrentarnos a las cosas con ese compromiso honesto con el que nos arma. Y experimentar toda esa fuerza, lealtad hacia nosotros o rabia no es que no nos dé miedo que nos ataquen, juzguen o rechacen, o que no nos abrume la tarea, o que tengamos la certeza interna de que lo vamos a conseguir, es que lo hacemos a pesar de eso, es que nos comprometemos de forma honesta con nosotros mismos a luchar hasta desfallecer por aquello que queremos.

Me viene a la mente ahora mismo Manolo, un paciente de dieciocho años que tengo en consulta que me decía, orgulloso, que le había pedido el número del móvil a una chavala de su clase que le tiene loquito perdido. Él es un chico muy tímido, con un profundo miedo al rechazo, que durante años se ha olvidado de sí mismo, refugiándose en vivir la vida de otros a través de las series o de los videojuegos. Al pobre siempre le han tachado de friki, de pringado y pardillo, y ha oído tanto ese discurso que hasta él mismo ha llegado a tratarse así, criticándose y odiándose profundamente por ello. Durante las sesiones de los dos meses que llevamos de terapia, Manolo me hablaba de su profunda falta de autoestima, de la ansiedad que le estaba generando empezar la universidad y hacer nuevas amistades, sobre todo en su carrera, Medicina, porque la mayoría de los alumnos eran tías. Buen chaval y máximo exponente de la virginidad (lo que a su edad le parece un drama, cuando para mí era supernormal) debido a esa timidez que tiene, le daba tanto miedo fracasar y que le rechazasen que no se atrevía a hablar con ninguna de sus múltiples compañeras. En las tres primeras sesiones tomó conciencia de cuánto daño se hacía criticándose todo el rato y llamándose de todo menos bonico, y cómo esto le ponía aún más difícil poder salir de su aislamiento. Empezó a sentir el dolor de su soledad y de su falta de valía, de recibir las crueldades que se decía, y ahí sintió una compasión real por sí mismo, pero el cambio de verdad, el que le ha hecho que empiece a funcionar en la vida desde otro sitio y deje de huir, fue la sesión donde se cabreó consigo mismo, pero no en esa crítica autodestructiva de llamarse «pringado» y «friki», sino cuando se enfadó por estar sufriendo por todo esto y, aun así, tratarse con ese nivel de sadismo. También se enfadó por ser tan cobarde de tratarse como un ser débil, incapaz de superar que una chica no quisiera hablar con él.

Si vieseis qué cabreo tenía en las sesiones. Su rostro crispado cuando decía que su parte crítica era «una hija de puta» que le estaba «hundiendo en la mierda», y otro enfado más comedido, templado pero sólido, cuando declaraba: «Es injusto que todos puedan disfrutar de la vida menos yo, no me merezco que me importe tanto la opinión que los demás tengan de mí». En esos dos momentos lo gocé como una perra al ver cómo se activaba en él una rabia primaria adaptativa, un enfado lleno de determinación y que le daría el coraje para comenzar a tratarse bien.

Y ahí está el chaval, con el móvil de una compañera, «mirando el día para quedar y estudiar en la biblioteca o tomar un cafelillo» porque, a pesar de que estaba cagado de miedo, se acordó de lo que lloraba en nuestras sesiones por su soledad y de las ganas que tenía de callarle la puta boca a su parte crítica, que le llamaba «maricón», y encontró la determinación para meterle ficha a la compañera.

Me enseñó la foto de la dama en cuestión (una de postureo máximo, donde una niña de espaldas, de ojos verdes y de cara agradable, gira la cabeza para mirar a la cámara) con un respeto hacia sí mismo en los ojos que no lo tenía ni cuando sacó la altísima nota de corte en selectividad para poder estudiar Medicina en la Universidad de Granada.

Yo le di una palmada en el hombro y le dije que me alegraba porque tuviese una cita y que la chavala tenía unos ojos bonitos, pero que lo que me gustaba de verdad es que hubiese cuestionado lo que le decía su parte crítica, que hubiese elegido pelear por él echándole cojones a pesar de la vergüenza y no se hubiese dejado solo como solía hacer.

Cuando llegamos a la parte de los «cómo», en este tema es donde, lamentablemente, poco sólido te puedo ofrecer.

«Lucha por ti» es una frase demasiado amplia, demasiado ambigua, pero es así precisamente porque la vida lo es y porque qué es luchar por uno mismo o en qué áreas hay que hacerlo y cómo es la forma adecuada de hacerlo es algo que varía enormemente de persona en persona, en función de cultura, historia de aprendizaje, factores socioeconómicos, sistema de creencias y mil movidas más. Existen recursos más técnicos en determinadas áreas concretas, como «formas de ser asertivo y poner límites», «expresar tu enfado o malestar» o «hacer peticiones», provenientes de la psicología cognitivo-conductual y que catalogan dentro de una categoría que se llama «habilidades sociales».

A un nivel más emocional, puedes tirar de algunos de los recursos que te he indicado antes sobre hablar contigo mismo, ver tu propio dolor para que tomes conciencia de cuánto necesitas pelear por ti o sobre cómo esa parte que sufre te implora coraje y compromiso para que su dolor sea tu porqué para salir a partirte la cara con la vida.

Otras veces «luchar por ti» son cosas que no solo incumben a la psicología, sino también a otras disciplinas y requerirán de aspectos técnicos de cada una de ellas, como qué te dicen los médicos a la hora de enfrentar una enfermedad, o desarrollar un buen plan de negocio y contratar a un experto en *marketing* si luchar por ti es montar un negocio.

Con respecto a lo que tiene que ver más exactamente con defenderte de «ataques» o aprender a decir que no, puedes buscar en Internet, en el blog de algún psicólogo, técnicas como «el disco rayado» o «el banco de niebla». Soy poco de pautas y de recursos como estos, pero es verdad que a muchas personas les funcionan. Como para todo hay una excepción, existe una fórmula que me gusta especialmente, te la voy a poner a continuación: cuando ocurre X cosa (lo que sea que te toque los huevos), yo me siento de X manera (triste, decepcionado, ignorado, asustado... Es decir, el sentimiento que emerge en ti ante ese dolor), así que por ello no voy a permitir que eso ocurra y mi reacción cuando pase será X (me piraré, no hablaré más, te mandaré a la mierda…), y ya si quieres meterle un extra de empatía para que el otro no se sienta atacado, al menú, por solo un euro más, puedes añadirle: «Te digo precisamente esto y soy firme porque me importas y porque no quiero que esto afecte a nuestra relación, ya que la valoro mucho por X» (aquí mete lo que te da el otro o esa relación que te gusta). Con todo, decirte que, para mí, está muy bien que te preocupes por los sentimientos de otro y que no quieras hacer daño, pero recuerda que tu responsabilidad es tu felicidad y tu bienestar, no la de otros. Un buen consejo es que solo digas algo que estés dispuesto a cumplir, no te flipes y digas algo que sabes que luego no tendrás los cojones de hacer o mantener en el tiempo, probablemente porque sea exagerado o porque al final el otro se pispe de que perro ladrador, poco mordedor…

Otro truquillo que te voy a dar fruto de mi experiencia personal, pues a mí me costaba mucho expresar mi enfado (la rabia todavía sigue siendo la emoción que más me cuesta, pero, después de mi terapia, ya no es un jodido parto cada vez que tengo que hacerlo): si sabes que cuando llega el momento de decir lo que quieres o de expresar por qué estás harto, te haces caquita y empiezas a quitarle hierro al asunto de tal forma que, al final, tu límite o decisión firme como el acero se convierte en un paño flexible y suave de seda, escribe lo que tienes que decirle al otro y, aunque parezcas retrasado, cuando hables con esa persona, saca el papelito donde tienes eso escrito y léelo. Así no te traicionarás y dirás exactamente lo que quieres decir, sin rebajarlo ni tampoco que se te vaya la olla y acabes expresando cosas de más por el calentón del momento. En mi caso, fue muy útil y me sirvió como una «muleta» en la que me apoyé las primeras veces para hacerlo. Y cuando empecé a sentirme más cómodo (como en todo, la práctica lo hace más fácil), fui capaz de no necesitar el papel. Aunque sí que aún me sirve apuntar, mientras me tomo un cafelico, las dos o tres ideas principales que quiero decir, aunque luego no me haga falta la nota.

El problema de los trucos y las técnicas es que de poco sirven si seguimos sin estar comprometidos con nosotros mismos, si decidimos que nuestro dolor no nos importa lo suficiente. El que sepas hacer algo o tengas los recursos para hacerlo no significa que lo vayas a hacer y casi siempre hace más el que quiere que el que puede. Si no, solo tienes que ver cómo unas tribus de pastores afganos con fusiles de hace más de treinta años, sin entrenamiento militar convencional ni un ejército como tal, han logrado echar a los todopoderosos Estados Unidos de allí con el rabo entre las piernas. ¿Por qué? Porque el pastor afgano sí que ama esa tierra, sí que está dispuesto a asumir riesgos por ser consecuente con su deseo de echar a esa gente de allí y ser «libre» a la hora de elegir su destino, mientras que a la mayoría de los chavalitos norteamericanos que están allí, mucho mejor equipados, entrenados y apoyados con satélites y no sé cuántas mierdas más, aquello les da bastante igual y están poco comprometidos con la causa (lógicamente, hay mil factores más, como lo que dificulta conquistar un país tratando de respetar los derechos humanos o queriendo no tener bajas de soldados por cómo afecta eso a las elecciones y a la prensa).

Más allá del tema de defendernos o poder decir que no, con respecto a cómo comprometernos con nosotros mismos para luchar por duro que sea el combate, te diré que aquí poco recurso técnico hay, se trata de una elección personal, de si tu dolor y tu felicidad te importan o no. Esperabas una fórmula o pauta clara, ¿verdad? Pues no existe, eso es lo jodido de la vida, y es una de las razones por las que preferimos muchas veces creernos las mentiras de la autoayuda o del pensamiento positivo, por lo que nos saboteamos a nosotros mismos o por lo que decimos «que pasamos» o «que ya no nos va a afectar más» sobre un tema que, en el fondo de nuestro corazón, sabemos perfectamente que nos sigue importando.

Lo que sí creo firmemente es que resulta más fácil encontrar esa determinación cuando somos conscientes del dolor, no lo tapamos con distracciones para no estar mal y no nos autoengañamos quitándole trascendencia a nuestro sufrimiento o a lo que deseamos. Entonces, como te expliqué en la primera parte del libro, se pone en marcha ese proceso de fuerzas de flaqueza, de motivación, de compromiso con uno mismo y de desarrollo de recursos y respuestas a una realidad hiriente pero que, al aceptarla sin resignarnos, nos permite el cambio, provoca que sintamos esa emoción primaria adaptativa que nos ayuda.

Pero, en el fondo, la realidad es que lo que nos da la fuerza de encarar el malestar no es otra cosa que el amor. El Amor con mayúscula. Al final, no hay mejor razón para enfrentar todo esto que el simple pero suficiente y poderoso «me quiero». Fíjate que hablamos de llanto amoroso y rabia amorosa; ¡amor, a fin de cuentas! No hay nada que merezca más la pena, no hay nada que necesitemos tanto, no hay nada que nos dé más alegría, dicha, paz interior y profunda, real y veraz felicidad.

Los síntomas psicológicos como la ansiedad, tener la cabeza a mil por hora y sin paz, estar tristes y sin ganas de nada, la irritabilidad o la pérdida de control son, en gran parte, el resultado de todo esto, de la relación que tenemos con nosotros mismos. Al igual que los síntomas de salud física son el resultado de nuestra alimentación, de nuestra actividad física, de nuestra postura corporal, de nuestros hábitos de sueño. Con cada acción, con cada pequeña decisión del día a día, nos tratamos bien o nos tratamos mal, y el resultado de eso se expresa en nuestra salud a todos los niveles. No hay acción sin consecuencia, de la misma forma que es imposible no comunicarnos continuamente algo con cómo nos comportamos con nosotros mismos. Si nos tratamos bien, nos comunicaremos que somos valiosos, importantes y que merecemos la pena; si nos tratamos mal, todo lo contrario. En mi ciudad natal, Marbella, dirijo una iniciativa de divulgación sanitaria para la promoción de la salud que se llama Marbella Cuida[5] y siempre digo el mismo mensaje una y otra vez, hasta la puta saciedad, a ver si la gente me hace caso aunque solo sea para que me calle y deje de dar la tabarra: la salud no es algo que se tiene, no es algo que viene de fuera, es algo que se construye día a día con cada una de tus acciones.

No puedes decidir qué te ocurre ni cómo te sientes con aquello que te pasa, qué te afecta y qué no, pero sí puedes decidir cómo decides tratarte en todo eso. Tampoco sabes si las cosas saldrán como tú quieres o si tus decisiones serán acertadas o no, pero hay una enorme paz interior y consuelo en saber que hiciste lo que tú creías que era adecuado para ti, que no te traicionaste, que estuviste a tu lado en la aflicción de la pena o en el fragor de la batalla que, a veces, también es la vida. Llora y pelea por ti cuando haga falta. Esa y no otra es la autoestima real, el amor con uno mismo comprometido, respetuoso y leal. Ámate. Trátate bien.

---

[5] En www.marbellacuida.es, y de forma gratuita, puedes ver las conferencias en las que se habla de temas de sanidad y bienestar en un lenguaje sencillo y «de la calle». Una actividad en la que participan importantes ponentes del ámbito sanitario y del bienestar en un formato parecido al de las famosas conferencias TED. También te invito a venir al único congreso de promoción de la salud de tipo divulgativo que se hace en España y que también es gratuito.

# Conclusiones

> «Cuando la gente está protegiendo algo verdaderamente especial para ella, realmente puede llegar a ser tan fuerte como puede ser».
>
> Uzumaki Naruto
> (personaje manga)

Normalmente, aquí habría un pequeño resumen, un repaso a las «lecciones» de este libro que no es más que mi opinión, mi forma de entender mi trabajo y también la vida, pero como las opiniones son como los culos y todos tenemos uno…

Te he contado muchas cosas sobre mí también, de mis putas mierdas y miserias, porque todos las tenemos, a ver si viendo las mías te das permiso para tener las tuyas. Porque no voy a encerrarlas en un armario, como si tuviese que avergonzarme, y dejar sola a la parte de mí que más me necesita. Porque no necesito contarte exclusivamente lo bueno de mí, de mis clases en la universidad, de mis conferencias, de mi *curriculum vitae* o de los pacientes a los que intento ayudar cada puto día. Mis mierdas y mis diablos están ahí y no todos los días soy el jodido dalái lama y vivo en un estado de aceptación y paz interior. Soy lo que soy, con luces y sombras, y no te voy a decir que me encantan mis sombras, simplemente están ahí, pero no voy a maltratarme la vida y ser un cabrón conmigo mismo por ello. Intento aceptarlas y verlas con bondadosa compasión.

Cabronazo, si no tomas partido por ti, poco va a aportarte todo este maldito libro, poco importa si es cierto o no, si te ha gustado o si estás de acuerdo.

Mereces la pena, joder. Repite esta frase. Pero no en genérico, mejor adueñate de ella y hazla tuya: «Decido merecerme la pena», «decido ser valioso para mí y que mi dolor me importe». Ahora mismo no te pido que digas que la mereces o que eres valioso para ti o que te quieres, posiblemente no sea así o hasta ahora no sabías hacerlo. Por eso solamente te animo, te pido desde mi compasión, desde mi empatía, desde el recuerdo doloroso y triste de cuando no me amaba una mierda y me exigía gustarle a todo el mundo y era un dependiente del éxito o de seducir tías buenas, que simplemente hagas lo que sí está en tu mano: decidir que te vas a merecer la pena, que tu sufrimiento te importa, que eliges intentar tratarte bien, intentar amarte.

Porque para decidir intentar amarte no importa absolutamente nada cuáles son tus virtudes o defectos, cuántas cosas has hecho mal o bien hasta ahora, cuánto tiempo has perdido. Es una puta decisión, es lo único que depende al cien por cien de ti en esta vida.

Quizás nadie te lo dijo antes o te hizo ver que tu criterio y tu decisión eran más que suficientes, que tu verdad interna y la voluntad de amarte son más válidos que «lo correcto» o «la forma adecuada de hacerlo». Pero ahora te lo he dicho yo, te lo he gritado en la cara, así que no puedes fingir que no lo has oído. Ya no tienes excusas de mierda, ahora si decides quedarte al margen, si decides tratar de no sentir las emociones desagradables (pero que son tuyas), si decides tratarte mal, si decides no vivir la vida por el miedo al rechazo, al dolor o al fracaso, si decides vivir según los criterios de otros, si decides buscar la aprobación de los demás en vez de la tuya propia, si decides no mirar la parte de ti que más te necesita y evadirte con gilipolleces o seguir con el postureo actitudinal positivista, será tu puta decisión.

Porque, tal y como plantea Frankl, el sentido de vivir no es algo que tú le preguntas a la vida, sino algo que la vida te pregunta a ti: «¿Qué sentido vas a darme?». Y puedes decidir que el sentido que quieres darle a tu existencia va a ser la lealtad a ti mismo y a aquello que tú decidas; va a ser intentar tratarte bien.

El proceso de cambio y de amarse no es para nada sencillo, ni rápido. No cambiarás de la noche a la mañana, a veces no sabrás qué hacer o cómo hacerlo. Otras dudarás de si eres capaz de conseguirlo, incluso de si tienes derecho a hacerlo. No cambiarás patrones en los que llevas instalado años en unos días, lo harás bien unos días y otros volverás a lo de siempre, especialmente cuando haya dolor o algo te de miedo. Todos esos «pasos para atrás» son inevitables porque forman parte del proceso en sí mismo.

Sanarás heridas, pero quedarán cicatrices y el recuerdo de aquello que las causó e incluso algunos días dolerán, a veces sin ni siquiera saber muy bien por qué. Reconciliarte contigo mismo, aceptar lo que no te gusta de ti, no hará que todo eso desaparezca, tu parte neurótica seguirá ahí, contigo, para toda la vida (aunque sí que hace que esté en menor medida). Tendrás el reto de amarte a pesar de ella y de entenderla para saber cómo manejarla, para tener «medidas» eficaces para atenuarla o contrarrestarla.

Por mucho que hagas y lo bien que te trates, el dolor forma parte del mismo hecho de estar vivo. También habrá, claro que sí, alegrías, placeres, satisfacciones, personas preciosas, como también habrá decepciones, dificultades y esfuerzos, fracasos, traiciones, rechazo, sinsabores, angustias, pena, dolor y rabia.

Pero no dudes de que mereces la pena. De que la mereces para ti. Porque eso es simplemente una elección.

Si decides que eres digno de ser amado, si puedes decir que mereces la pena como un significado profundo, te pondrás a ello, temblando, rayado, cansado o como quiera que estés, pero harás lo que esté en tu mano, aprenderás como todos, por ensayo y error, pues, al igual que todo en esta vida, la práctica hace al maestro.

Recuerda que eres muy superior a las patatas de Rogers. Toda tu tendencia biológica a adaptarte a las situaciones, tu capacidad natural de aprendizaje, tus emociones primarias adaptativas, que te mueven y motivan para hacer lo que necesitas; tu capacidad innata de habituación al malestar para que duela menos si te expones a él, las fuerzas de flaqueza que emergen al ver el propio dolor, tu resiliencia y todo lo que te he contado en la primera parte de este libro está ahí, esperándote como un arsenal de valor incalculable y de la mayor de las eficacias, pero depende de que quieras pelear, fruto de la decisión de amarte.

Porque esta forma de entender la vida, de responsabilizarnos no solo de nuestro propio bienestar, sino de lo que queremos en ella, no es algo que se haga y ya está, interiorizándolo para siempre u obteniendo un título, esto es una forma de vida y se desarrolla instante a instante, momento a momento, en el aquí y el ahora, el único en el que podemos hacer algo.

No tienes por qué hacerlo todo tu solo, puedes (es más, te animo a ello) pedir ayuda y compartirlo con tus seres queridos, hablarles de tus dificultades, de que necesitas amor, de que te acompañen en esto y te den ánimos, sin sentir vergüenza o culpa por estar mal, por no saber hacer cosas, por tener fallos y defectos. Aquel a quien veas conmovido por tu dolor, que no te juzga y que quiere demostrarte que le importas más que que hagas lo que él te aconseja, esa será posiblemente una de las personas que se conviertan en uno de los bastones para apoyar tu caminar.

Busca tus recursos y trucos, los tuyos, como ese *hobby* en el que te refugias para coger fuerza. Haz deporte y cuídate, medita, rézale a Dios, sal a despejarte y tomarte unas cañas cuando lo necesites, echa un polvo para sentirte vivo u olvidarte del mundo un rato, concédete momentos de no hacer nada y descansar de verdad, ve películas, escucha canciones o lo que sea que te recuerde qué es lo realmente importante, prémiate y reconócete tus esfuerzos. Incluso, si lo necesitas —llámame loco—, busca un profesional que te ayude, hasta con medicación si es necesario para aliviar el dolor y poder así luchar por ti, o con psicoterapia para ayudarte a encontrar formas eficaces para el cambio y para conectarte con la parte de ti que sufre e implora que la trates bien, que te importe y la veas con ojos compasivos.

Permítete ser tan fuerte como para sentir tu propia debilidad, como para no culparte por ello, como para compartirlo con otros. Llora todo lo que necesites y hazlo sin culpa, miedo, vergüenza; pero luego límpiate las lágrimas y haz lo que sea que necesites sin importar si sale bien o mal, desvinculándote del resultado, simplemente intentándolo.

Cuando desfallezcas, mira la parte de ti que te necesita. Lucha al menos un día más, porque ese día, salga bien o no, te habrás tratado con decencia, tendrás la conciencia tranquila, ese día no te lo reprocharás en tu lecho de muerte.

Por esta tendencia de la psicología a decir a veces que todo lo que le pasa a un niño es culpa de sus padres y la infancia, que por mucho que se esforzasen nunca lograban hacerlo del todo bien y le traumatizaban de alguna manera, Winnicott, un pediatra y psiquiatra de orientación psicoanalítica, quiso hablar de forma más realista y justa y dijo que no hacían falta padres buenos, que bastaba con «padres suficientemente buenos». Creo que aquí también podemos aplicarlo. No te fustigues cuando no seas fiel a ti o te pierdas cosas de la vida por miedo, no conviertas en algo terrible fallarte, porque fijo que va a pasar. Estás contigo toda la vida, seguro que a veces te tratas regulero por cobardía o crítica o lo que sea. Lo importante es que te trates «suficientemente bien» y lleves una vida «suficientemente honesta y congruente». No necesitas hacerlo bien, ni siquiera necesitas saber hacerlo, simplemente necesitas querer intentarlo.

Recuerdo que, durante mi proceso de psicoterapia, estaba en el dulce y dichoso momento en que empecé a amarme e importarme de verdad. Ver mi dolor me permitió darme cuenta de cuánto me necesitaba y del daño que me hacía exigiéndome logros y criticándome por no conseguirlos. Me conmovió tanto sentir mi propia pena y soledad, darme cuenta de que yo también me decía que no valía tal y como era y me obligaba a cambiar, de que al hacerlo me estaba tratando exactamente igual que la gente que me había hecho *bullying*, que de esa compasión surgió la capacidad y el compromiso para cambiar.

Llevaba un tiempo tratándome de forma muy bonita, amándome bien, y estaba muy orgulloso de mí. Sin embargo, no recuerdo muy bien qué pasó, volví a lo de antes, volví a rayarme con si ligaba o no y a frustrarme muchísimo por todo ello. Estaba en consulta diciendo lo estúpido que era, enfadado conmigo por haber vuelto a tratarme mal y a comportarme de formas que no eran lo que yo quería, a perderme con lo que no es realmente importante, y encima, exclamaba dolorido, ahora tenía más culpa porque no podía decir que no sabía de mi dolor o de lo mal que me trataba, ya que lo había visto y trabajado en las sesiones.

Juanpe, mi psicólogo, me pidió que dejase de fustigarme un rato y me explicó, de esa forma tranquila pero rotunda que tiene y que te da un consuelo indescriptible, que la terapia me había servido para encontrar cuál era mi camino en la vida. En el mismo, yo estaba en paz, me trataba bien, era honesto conmigo, elegía lo que quería intentar en mi vida y era razonablemente feliz. Me había alejado del camino y me había vuelto a perder en el bosque, así que no tenía sentido ponerme dramático o fustigarme por ello, simplemente tenía que volver al camino. Me hizo ver que, como el camino dura toda la vida, muchas veces me saldré del mismo, ya que me distraeré con otras cosas, me confiaré y me relajaré o por huir de algún peligro como un lobo no observaré cómo me salgo, y cuando me quiera dar cuenta simplemente estaré perdido y alejado, teniendo que volver a ese sendero que yo podía identificar fácilmente porque ya lo había vivido y sabía cómo me sentía en él. Saldría del camino y volvería tantas veces a él que me convertiría en un experto en saber encontrarlo de nuevo, y entonces salirme del mismo dejaría de ser un gran problema.

Joder, Juanpe, escribo esto y se me saltan las lágrimas, cuánto me ayudaste y me amaste, cuánto hiciste porque yo provocase tantos cambios en mi vida a pesar de que muchas veces me confrontases o me hicieses ver cosas dolorosas, y qué bueno eres haciendo psicoterapia, mamonazo.

Hay, además, una garantía de que volverás al camino, y es que en él te sientes de puta madre. Porque toda esta historia no es solo una cuestión moral o ética contigo mismo. Por mucho que para mí sea lo correcto (que para otro puede no serlo), la verdad por la que querrás estar en ese camino es porque resulta jodidamente agradable. La sensación que da el amor por uno mismo, cuando es real, es tan profunda e intensa que te arranca siempre unas lágrimas o te pone los ojos vidriosos.

Ahí te das cuenta de que la vida merece la pena ser vivida, de que tiene un significado profundo, de que el bienestar que experimentas con esto está muy por encima de cualquier cosa agradable, del subidón del éxito o de la aprobación de otros. Eso es un equipo de segunda división B y lo que te da este camino es la jodida Champions League.

Una de las cosas que más me gusta de mi trabajo son esas sesiones en las que miro a mi paciente a los ojos, quien lleva un tiempo currándoselo como un jabato y se permite sentir plenamente, y le disparo la más aterradora de las preguntas: «¿Te quieres?» (otras veces es «¿eres feliz?», aunque cada vez más creo que son casi sinónimos) y de pronto se sorprenden diciéndote: «Sí», y ves cómo se parten por dentro porque saben que es cierto, porque por fin logran eso que llevaban toda la vida buscando, como el que se pierde en el desierto y de pronto bebe agua y siente cómo baja fresca y reconfortante por su garganta reseca, cómo se derrama por sus labios agrietados y sacia su terrible sed. Una sed que viene de muy atrás. Una sed con la que se han acostumbrado a vivir. Una sed que se lo ponía todo muy difícil. Te juro por Dios que ese momento es la puta polla y se me llena el pecho de una alegría calmada pero profunda, que, al empatizar con ellos y recordar cuando yo también pude decirlo de verdad, se compensan todos los momentos duros de mi profesión, como cuando un día únicamente oyes dolor y lamento o cuando te cuenta alguien que le hacían cosas terribles. Como dice el actor porno Donnie Rock en una entrevista: «Hay días en que no me deberían pagar, pero hay otros en que deberían pagarme el doble» (aunque acepto de buen grado el precio que pago por esos malos momentos).

Ver a mis pacientes felices de verdad, con ese amor que les brota del corazón y hace que todo tenga sentido, que puedan enfrentar los sinsabores de las cosas y, sobre todo, disfrutar de la vida de veras, sin miedos ni culpas, asumiendo el coste pero yendo a pecho descubierto para poder estar en ella de forma real y vivirla plenamente, es la mayor de las recompensas y por lo que sé que, aunque escriba libros, dé conferencias o imparta docencia a diferentes niveles, nunca jamás abandonaré el ver a pacientes en consulta, ya que me perdería lo mejor de este mundo: cómo se siente una persona que, pese a todo, por fin elige importarse de forma honesta.

Me da miedo ser un papanatas que ahora se viene arriba, emocionado por la idea de poder ayudarte y venderte una fantasía de control absoluto. Ten muy presente que no te digo que sentirte mal, estar triste, angustiado o enfadado sea cuestión de tu actitud o que resulte contraproducente. Tampoco te digo que sea tu culpa; que tus circunstancias, el azar o las acciones de otros no van a influir decisivamente en lo que pase en tu vida. Por supuesto que no depende exclusivamente de ti que salga bien o mal, pero sí depende de ti el hecho de intentarlo honestamente y de ser bueno contigo en aquello que pase y te afecte.

Lo que yo creo es que la felicidad no va de técnicas, hábitos o ver lo bonito. Tampoco de evitar el dolor o tener un estado contemplativo de nosotros mismos, viéndonos desde fuera como espectadores de nuestra existencia en vez de agentes responsables. La felicidad es cuestión de tomar decisiones y tratarnos bien. La felicidad es, por un lado, el ajuste entre lo que queremos en la vida y lo que hacemos por conseguirlo, independientemente de que haya cosas que nos hagan sentir mal, de que lo consigamos o no, fruto de un amor real, auténtico y que brota del pecho, fuente de toda fortaleza, sentido profundo y alegría real.

El amor propio puede ser incondicional, fuente de todo perdón, solo depende de ti y siempre está disponible, es sólido, seguro y fiable (aunque es fruto de tratarnos bien). Es algo que difícilmente se puede decir del amor que nadie puede darte. Porque hacer el amor está bien, pero hay un puntito que tú te das que únicamente tú conoces.

«Me quiero» es la razón para enfrentar todos los dolores, es la fuerza que nos hace levantarnos siempre, es el combustible del cambio, es el bálsamo de todas las heridas, es el refugio ante todas las desgracias, es la espada que empuñamos en la batalla.

Amarte es la salsa de la vida. Y está buenísima, demasiado como para echar solamente un poquito. Vierte toda la que puedas porque es lo que le da sabor real al asunto y, cuando acabes, rebaña con pan, haz barquitos e incluso lame el plato hasta dejarlo limpio y reluciente.

Vivir la vida de verdad merece la pena. Y tú MERECES LA PENA, JODER.

# Había esperanza

# Epílogo

Tengo que empezar este epílogo siendo completamente sincero: jamás compraría un libro de autoayuda. Y no es porque no haya pasado tiempos más oscuros que una viñeta de Frank Miller (los que ya hemos cruzado la barrera de los treinta empezamos a tener una fotografía general de lo jodida que puede ser a veces la vida), sino porque el propio sector editorial ha mordido la mano que le daba de comer, como diría Eric Hoffer.

El capitalismo (ese que también me ha dado grandes alegrías) se ocupa de la parte material: nos recuerda que debemos trabajar duro cada día para comprar cosas «cuquis» y ser más *cool* que una portada de Kanye West diseñada por Virgil Abloh. El problema es que no se encarga de recordarnos lo importantes que son las emociones, la expresión de las mismas, la espiritualidad y un sinfín de cuestiones que no llevan el logo de Apple, de Air Jordan o de Louis Vuitton.

De ese modo, al buscar nuestra felicidad en base a la compra de objetos materiales nos sentimos absolutamente vacíos (incluso cuando en teoría tenemos todo lo que se debe poseer para ser felices) y ¿cómo responde la sociedad de consumo a ese hueco emocional?, ofreciéndonos recetas burdas, simples y recetas fáciles: libros chulis de autoayuda. Querer ser feliz únicamente en base a poseer los objetos de moda y libros con portadas molonas es como querer curar los disparos de una ametralladora PK con tiritas. La felicidad es mucho más que un mero placer estético.

Por esa razón este libro es tan importante y casi necesario: porque mira cara a cara al sufrimiento (ese del que huimos constantemente) y nos explica de una manera clara, concisa —e incluso divertida— que la única manera de sanar nuestras heridas emocionales es reconocerlas, enfrentarlas y superarlas. De la misma manera que la única forma de cerrar de veras una herida física es soportar el dolor del alcohol y los puntos de sutura.

Buenaventura del Charco ha sido capaz de cambiar mi concepción —que ha durado una década— sobre los libros mayoritarios de psicología. Y lo ha hecho no solo en base a ser el mejor psicólogo joven de nuestro país, sino a escribir un libro tan multidimensional como la vida misma: duro, sincero, emotivo, valiente, fresco e incluso deslenguado. Diría con toda honestidad que Del Charco es el Mark Millar de los psicólogos, por ese compendio entre talento y calle, formación y empatía, ambición y búsqueda del resultado.

Porque cuando uno busca comprar un libro sobre psicología para ser más feliz y pleno (e intentar encontrar respuestas a sus vacíos emocionales) lo único que importa es el éxito: esa transformación interior real que te convierta en esa persona que anhelas. De ese modo, me atrevo a decir dos cosas: primera, que *Hasta los cojones del pensamiento positivo* es el libro que muy seguramente habías estado buscando y, segunda: que puedes encender la chimenea con la mayoría del resto.

JD Romero
*(The Medizine, Forbes, Publishers Weekly)*